Récupérer
les eaux de pluie

Dans la même collection

B. Béranger. – *Les pompes à chaleur,*
G11997, 2006.

P. de Haut. – *25 moyens d'économiser son argent et notre environnement,* G12053, 2007.

B. Vu. – *Choisir une énergie renouvelable adaptée à sa maison,*
G12142, 2007.

B. Vu. – *L'habitat écologique et les aides de l'État,*
G12054, 2006.

B. Vu. – *La maison à énergie zéro,*
G12089, 2007.

Du même auteur

Construire ou rénover en respectant la HQE,
G12070, 2006.

Récupérer ou gérer les eaux pluviales,
G11949, 2006.

Récupérer les eaux de pluie

Brigitte Vu

Troisième tirage 2007

EYROLLES

ÉDITIONS EYROLLES
61, bld Saint-Germain
75240 Paris Cedex 05
www.editions-eyrolles.com

Dépôt légal : mai 2007
N° d'éditeur : 7455
IMPRIMÉ EN FRANCE

Achevé d'imprimer le 4 mai 2007
sur les presses de l'imprimerie « La Source d'Or »
63200 Marsat
Imprimeur n° 11680

*Dans le cadre de sa politique de développement durable,
La Source d'Or a été référencée IMPRIM'VERT®
par son organisme consulaire de tutelle.
Cet ouvrage est imprimé - pour l'intérieur -
sur papier couché mat "Creator Vol" 135 g
des Papeteries Torras Papel, dont les usines ont obtenu
la certification environnementale ISO 14001
et opèrent conformément aux normes E.C.F. et P.E.F.C.*

Sommaire

Partie 1 • Gérer et économiser l'eau

Partie 2 • Récupérer l'eau de pluie

Partie 1

Gérer et économiser l'eau

L'eau est une ressource indispensable pour le développement de toutes les espèces. On la croit souvent inépuisable et peu coûteuse... Pourtant, avant de répondre à nos besoins, elle nécessite de nombreux traitements visant à la rendre potable pour la consommation humaine ; elle nécessite également des traitements pour une utilisation industrielle ou pour son épuration avant son rejet en milieu naturel.

Nous verrons dans une première partie comment est gérée l'eau et comment elle est employée. Nous verrons également l'intérêt de l'économiser et quels moyens sont mis à notre disposition dans ce but.

1

La répartition et la gestion de l'eau en France

L'eau des océans, des fleuves, des rivières, des lacs et des étangs est chauffée par le soleil ; c'est la phase d'évaporation. Elle monte dans l'atmosphère où elle rencontre les couches d'air froid. Cette vapeur d'eau se condense en minuscules gouttelettes poussées au gré du vent. Elles s'agglomèrent pour former les nuages. Ceux-ci libèrent leur contenu sur terre sous forme de précipitation de pluie, neige ou grêle en fonction des saisons et des conditions atmosphériques. Cette eau réalimente les océans ou autre point stagnant, une partie s'infiltre : 11 % dans le sol pour alimenter les nappes phréatiques ou ruisselles et 24 % pour aller grossir les fleuves, canaux, rivières ou ruisseaux qui se déversent dans les océans. Ensuite, on recommence un nouveau cycle de l'eau puisque 65 % s'évapore.

L'eau couvre 70 % de la surface de la terre mais elle est stockée en très grande partie dans les océans pour près de 96 % et pour 2 % sur les glaciers. Seul 0,3 % de cet eau est directement utilisable par l'homme. Elle est stockée dans les lacs, les cours d'eau et les nappes phréatiques.

La répartition de l'eau en France

On estime le volume moyen des précipitations annuelles à 440 milliards de mètres cube. Notre pays est donc suffisamment riche en eau au regard de nos besoins qui s'élèvent à environ 40 milliards de mètres cube par an. Ces prélèvements se répartissent de la manière suivante :

- 25 milliards pour les centrales électriques, thermiques ou nucléaires,
- 6 milliards pour les collectivités locales,
- 5 milliards pour l'agriculture,
- 4 milliards pour l'industrie.

Les consommations nettes globales, c'est-à-dire les volumes d'eau non restitués au milieu aquatique, s'élèvent à environ 5 milliards de mètres cube. 68 % sont le fait de l'agriculture pour l'irrigation, puis 24 % pour l'alimentation et l'eau potable, 5 % pour l'industrie, et 3 % pour l'énergie.

Les secteurs industriels les plus consommateurs d'eau sont l'industrie agroalimentaire, l'industrie papetière (il faut en effet 300 l d'eau pour fabriquer 1 kg de papier) et la métallurgie (100 l d'eau sont nécessaire à la fabrication d'1 kg d'aluminium).

À noter que l'eau prélevée pour le fonctionnement des centrales électriques est quasiment restituée en totalité au milieu naturel.

En ce qui concerne la consommation humaine directe, on l'estime à 150 à 200 l d'eau par personne et par jour. Cette demande est couverte à hauteur de 60 % par les eaux souterraines, 30 % par les eaux de surface et 10 % par les eaux mixtes, c'est-à-dire des eaux souterraines en contact avec des eaux de surface. On compte environ 33 250 captages à 94 % d'origine souterraine.

Quant aux réserves d'eau sur le territoire français, elles sont estimées à 1 000 milliards de mètres cube soit une trentaine d'années de provisions sans renouvellement au rythme de la consommation actuelle et à 100 milliards de mètres cube le volume moyen de renouvellement des nappes.

Le réseau hydrographique français est doté d'une très grande densité puisque l'ensemble des cours d'eau représente une longueur totale de 270 000 kilomètres. Les quatre grands fleuves français (Garonne, Loire, Rhône et Seine) collectent les deux tiers des eaux du territoire. Le reste étant assuré par les affluents des pays voisins (Rhin, Escaut) ou par la présence de nombreux bassins côtiers (Adour, Somme, Charente, Var...).

À cela, il faut ajouter que notre pays dispose, outre un niveau tout à fait satisfaisant de précipitations et d'écoulement, de très bonnes capacités de stockage, grâce aux chaînes de montagnes et à d'importants aquifères souterrains.

On notera cependant que la répartition des ressources sur le territoire national n'est pas uniforme et, de fait, certaines régions souffrent de phénomènes climatiques particuliers ou ne disposent pas de ressources souterraines suffisantes. Il est donc nécessaire de prévoir des équipements tels que des barrages ou des réservoirs pour faire face à d'éventuelles difficultés temporaires.

Le pourcentage d'eau ne ruisselant pas et ne s'évaporant pas est infiltré directement dans le sol.

Dans le cadre du développement durable, les départements se doivent d'anticiper les problèmes liés aux eaux pluviales en s'appliquant sur les données scientifiques et analytiques que les spécialistes sont susceptibles de leur donner et surtout en programmant et en intégrant autant que faire se peut les évolutions en matière d'urbanisation et d'évolution des besoins dans les décennies à venir.

Le cycle de l'eau en milieu urbain

Le cycle de l'eau en milieu urbain est très différent du fait de l'imperméabilisation croissante des sols. Il nécessite des infrastructures beaucoup plus importantes tant pour récupérer l'eau que pour la stocker, l'assainir ou la distribuer à la population. Les analyses effectuées en milieu urbain indiquent que les coefficients d'imperméabilisation et donc d'urbanisation ne cessent de progresser. De fait, les pertes au ruissellement dues à l'évaporation et à l'infiltration sont très faibles sur les surfaces revêtues telles que la voirie, les toitures d'immeubles... En revanche, le ruissellement croît avec l'urbanisation et l'imperméabilisation des sols. De plus, l'évolution en matière de construction a mené à connecter systématiquement les surfaces imperméabilisées au réseau alors qu'elles étaient auparavant reliées à une zone perméable.

Qu'en est-il des ressources mondiales en eau ?

L'eau représente 70 % de la surface de la terre et est donc très présente. Néanmoins 97 % de cette eau est salée et 2 % bloquée sous forme de glace. Il ne reste donc plus que 1 % d'eau douce...

Les eaux douces d'origine continentale se répartissent en eaux de précipitation, en eaux de surface (rivières, plans d'eau...) et en eaux souterraines (aquifères ou roches réservoirs). Les eaux souterraines sont captées par des sources naturelles ou bien par des forages.

La population augmente. Il en est de même de notre consommation. Si nous n'agissons pas, il se pourrait bien que les ressources décroissent et que nous venions à manquer. Ce risque est dû à une mauvaise gestion des eaux, car à titre d'exemple, 9 pays sur

10 rejettent des eaux usées dans un milieu naturel sans y apporter aucun traitement.

Stockage naturel de l'eau

Milieu naturel	Surface et pourcentage de stockage	
océans	1,35 milliard de km^2	97,4 %
glaces	27,5 millions de km^2	1,98 %
eaux souterraines	8,2 millions de km^2	0,59 %
mers, lacs, rivières	207 000 km^2	0,015 %
humidité du sol	70 000 km^2	0,005 %
eau des cellules vivantes	1 100 km^2	0,001 %
humidité de l'air	13 km^2	0,001 %

Évapotranspiration (ET) et formule de Turc

En zone rurale, la formule de Turc permet d'avoir un ordre de grandeur de la quantité d'eau pluviale repartant dans l'atmosphère soit sous forme d'évaporation, soit sous forme d'évapotranspiration.

On appelle l'évapotranspiration, l'évaporation mêlée à la transpiration des plantes. On différentie l'ETR (réelle) qui est effective et l'ETP (potentielle) qui est susceptible d'exister si la disponibilité en eau pour les plantes est suffisante.

Nous obtenons donc la formule suivante : si $P > ETR$, on a une quantité d'eau qui reste disponible dans le sol constituant une réserve.

On notera que le coefficient de ruissellement est de 10 % en milieu rural contre 45 % en zone urbanisée voire jusqu'à 70 % sur certains bassins versants très urbanisés.

La gestion durable de l'eau

La gestion de l'eau constitue un enjeu majeur du développement durable dans notre pays et principalement en zone très urbanisée. Il est donc des plus important d'intégrer un schéma départemental d'assainissement à long terme dans chaque département, en intégrant une notion transversale comme la préservation de l'environnement avec mise en cohérence de toutes les politiques et prise en compte des évolutions de la société.

On notera par exemple que l'imperméabilisation exagérée des sols pose un problème de plus en plus important dans les zones urbaines avec, par exemple, des inondations récurrentes des points bas des villes au moindre orage violent. L'écoulement rejoint le réseau d'assainissement, cependant compte tenu de la masse importante d'eau, celle-ci ne peut-être traitée par les stations d'épuration. Cette eau non traitée est déversée en milieu naturel par l'intermédiaire des déversoirs d'orage ou des bassins d'orage.

Cependant ce type de structure ne suffit pas lors d'épisode d'orage très important. La masse d'eau ruisselée génère le remplissage, la mise en surcharge et le débordement des collecteurs et autres ouvrages d'assainissement conduisant en milieu urbain à des inondations de voirie et/ou de bâtiments. L'urbanisation grandissante ne fait qu'accroître ce type de phénomène.

Un des objectifs est donc de réduire ce type d'inondation. Comment ?

Il n'existe pas de solution miracle. La réussite de ce type de projet passe par une bonne gestion des eaux pluviales et des eaux « d'urbanisation » ainsi que par la maîtrise des rejets.

Durant des dizaines d'années, la politique de gestion des eaux pluviales en milieu urbain consistait à évacuer le plus rapidement possible ces eaux par les réseaux d'assainissement qu'il soit unitaire ou séparatif. Cependant, l'urbanisation croissante a montré les limites de cette politique de gestion. En effet, les surfaces imperméabilisées raccordées au réseau ont augmenté de manière importante induisant des flux croissants d'eau de ruissellement et des inondations récurrentes liées à la saturation des réseaux d'assainissement destinés en priorité à l'évacuation des eaux usées.

La création de villes nouvelles dans les années soixante-dix a coïncidé avec un changement de politique de gestion des eaux pluviales et l'apparition des bassins de rétention. Le but de ceux-ci était de différer et laminer les débits arrivant brutalement dans les réseaux. Cependant, ces nouveaux aménagements très coûteux, difficiles à dimensionner et long à construire se révèlent peu efficaces lorsqu'une politique de maîtrise des apports liés à l'extension des surfaces imperméabilisées n'est pas menée en parallèle.

Comme souvent, une partie de la solution réside dans le dimensionnement correct de ce type d'infrastructure et surtout dans la prévision de l'évolution de l'urbanisation dans les 10 à 20 ans. Par ailleurs, il faut impérativement limiter les apports d'eau pluviale dans les réseaux et envisager le stockage de celle-ci le plus en amont possible. Enfin, il est aussi important de limiter désormais le débit à la parcelle pour les nouvelles constructions et de maîtriser davantage les rejets.

Cet enjeu est essentiel en raison de l'importance des volumes d'eau ainsi que des flux de pollution induits. Pour obtenir un résultat optimal, il est donc nécessaire de prendre en charge le plus en amont possible les volumes d'eau de ruissellement ainsi que les flux de polluant de manière à éviter toute aggravation des effets liés à l'urbanisation, d'améliorer la maîtrise des flux par temps de pluie en mettant en place une gestion dynamique et un suivi des impacts sur le milieu naturel et d'améliorer l'identification des effluents présents dans le réseau d'assainissement par le contrôle des entrants ainsi que l'autosurveillance du réseau.

Tout le monde doit prendre sa part de responsabilité pour améliorer cette gestion de l'eau. C'est ainsi que les industriels devront faire en sorte de réduire les rejets polluants en particulier en améliorant leurs dispositifs de traitement de ceux-ci.

Il n'existe actuellement pas de loi en France sur la récupération des eaux de pluie contrairement à l'Allemagne et il devient urgent que les responsables politiques donnent un cadre à cette pratique si nous ne voulons pas observer des dérives dans ce domaine qui seraient ensuite préjudiciables à cette pratique devenue nécessaire et indispensable.

Il existe cependant une loi promulguée le 3 janvier 1992 qui oblige les collectivités à se doter d'un système d'autosurveillance visant à évaluer, en termes de flux, le fonctionnement de leur système d'assainissement. C'est ainsi que la collectivité ainsi que son exploitant doivent être en mesure de justifier à tout instant des dispositions prises pour garantir un niveau de fiabilité des systèmes d'assainissement.

Bibliographie

Pour plus d'informations sur la gestion des eaux pluviales pour les collectivités et pour la mise en œuvre de systèmes plus professionnels, vous pouvez vous reporter à l'ouvrage *Gestion et récupération des eaux pluviales,* de Brigitte Vu, Éditions Eyrolles.

Le contrôle des flux polluants par l'autosurveillance est le moyen de s'inscrire dans une démarche de qualité consistant à apprécier l'adéquation entre les objectifs prédéfinis et les résultats obtenus. Il permet d'avoir l'état de fonctionnement du système d'assainissement en temps réel de manière à rationaliser l'exploitation et ainsi d'envisager une gestion dynamique plus large des ouvrages. Ce type de dispositif devrait permettre à terme d'améliorer le rendement des ouvrages de transport et de stockage et de limiter les rejets en milieu naturel.

La réussite de la politique de gestion des eaux passe par des actions. Nous pouvons tous, à notre niveau, améliorer cette politique de l'eau en effectuant des gestes citoyens, en installant des réducteurs de pression aux robinets, en fermant le robinet quand on ne l'utilise pas et plus encore en allant jusqu'à récupérer et utiliser l'eau de pluie.

Nous allons essayer tout au long de cet ouvrage de vous donner quelques outils afin de faire progresser cette gestion de l'eau ; le cumul de tous ces gestes peuvent conduire à de grandes économies et surtout à une gestion plus durable de ce capital.

2

Bien gérer et récupérer l'eau : une démarche écologique et économique

La démarche HQE®, Haute qualité environnementale, consiste à inscrire les projets de construction, d'aménagement, de rénovation, et ce quelle que soit leur taille, dans une optique de développement durable.

Nous nous sommes donc demandé quels étaient les secteurs susceptibles de générer des économies à long terme et comment les mettre en œuvre ? L'eau est apparue comme l'un des secteurs sur lesquels nous pouvions agir de manière efficace.

Quelques notions de consommation

Il tombe 440 milliards de mètres cube de pluie par an sur notre territoire. Cette eau s'évapore en partie ou est absorbée par la végétation pour 60 %, 40 % soit 146 milliards de mètres cube alimente les nappes souterraines et les cours d'eau.

Les prélèvements annuels en eau sont d'environ 41 milliards de mètres cube dont 85 % d'eaux de surface et 15 % d'eaux souterraines.

L'utilisation de ces 41 milliards de mètres cube se répartit de la manière suivante :

- 25,5 milliards pour le refroidissement des centrales thermiques,
- 6 milliards pour l'alimentation en eau potable,
- 5 milliards pour l'agriculture,
- 4,5 milliards pour l'industrie soit moins que ces dernières années.

Notre pays est parcouru de milliers de kilomètres de cours d'eau, partie intégrante du patrimoine naturel français. Ils constituent des éléments essentiels du paysage, des espaces de loisirs, sources d'énergie, lieux de captage en eaux mais aussi récepteurs des eaux résiduaires, lieux d'extraction de matériaux et voies de navigations.

Ils sont indispensables à l'économie rurale, urbaine et industrielle et participent au bon état de l'écosystème et au maintien de la biodiversité.

Un particulier français utilise en moyenne 150 à 200 l d'eau par jour pour sa consommation personnelle. La répartition de cette consommation se fait approximativement de la façon suivante :

- 39 % pour la toilette, soit 58,5 à 78 l, sachant que l'on consomme en moyenne 5 l au lavabo, 70 l pour une douche et 150 l pour un bain ;

- 20 % pour les sanitaires, soit 30 l à 40 l, sachant qu'une chasse d'eau classique consomme 10 l ;
- 12% pour le lavage du linge soit 18 l à 24 l, sachant qu'un lave-linge consomme 80 l par lavage ;
- 10 % pour le lavage de la vaisselle, soit 15 à 20 l sachant qu'un lave-vaisselle consomme 40 l par lavage ;
- 6 % pour la préparation de la nourriture, soit de 9 l à 12 l ;
- 6 % pour les usages domestiques divers, soit de 9 à 12 l (ménage entre autre) ;
- 1 % pour la boisson, soit 1,5 à 2 l par jour, ce qui est très peu.

Un problème culturel ?

Il est à noter que l'eau potable arrivant au robinet, et donc consommable pour la boisson, a un coût de l'ordre de 0,0026 centimes d'euro par litre soit 100 fois moins cher que l'eau minérale. Pourtant, les usagers ont de plus en plus recours à l'eau minérale. Est-ce un problème de confiance ou de culture ?

Le prix du mètre cube d'eau est en moyenne de 2,62 €/m^3. Il comprend :

- le prélèvement de l'eau,
- la potabilité,
- le transport jusqu'à votre domicile,
- la dépollution avant son rejet dans le milieu naturel.

Cette somme se répartit entre le service de l'eau et le service de l'environnement de la manière suivante.

Le service de l'Eau

Consommation : 1,14 €

Prélèvement de l'Agence de l'eau : 0,09 €

Fonds national des adductions d'eau : 0,03 €

Taxe des voies navigables : 0,01 €

Le service de l'Environnement

Assainissement interdépartemental : 0,43 €

Assainissement départemental : 0,36 €

Assainissement communal : 0,09 €

Lutte contre la pollution de l'Agence de l'eau : 0,47 €

La production, la distribution et la dépollution de l'eau après usage nécessitent des usines d'eau potable extrêmement performantes techniquement ainsi que des usines de dépollution de plus en plus compétentes. Le coût des canalisations, branchements et réservoirs, et donc les investissements pour ce type d'installations sont très lourds et expliquent le coût élevé du mètre cube d'eau au robinet.

Ce prix devrait croître de 10 % par an dans les prochaines années.

> **Info pratique**
>
> **La moitié des 560 000 km de canalisations en France ont été posées avant 1965 et ont donc plus de 40 ans... Ils sont à renouveler avec un coût de 77 € à 765 € le mètre linéaire, ce qui est énorme !**

Un problème de ressources

Depuis quelques années maintenant la plupart des régions françaises connaissent durant l'été des problèmes d'approvisionnement en eau potable. Ce problème est non seulement récurrent mais s'aggrave chaque année, puisqu'il apparaît de plus en plus tôt dans la saison.

Les précipitations de l'hiver sont de moindres importances et, de fait, les nappes phréatiques n'arrivent pas à retrouver un niveau suffisant pour pallier le besoin de l'été. Les conséquences, à moyen terme, peuvent devenir dramatiques pour certaines régions situées sur les côtes ouest de notre pays, pour leur économie locale, en particulier pour les agriculteurs et pour le tourisme.

Les pouvoirs publics doivent prendre des décisions mais chacun de nous peut agir à son niveau : il est à la portée de tous de réduire sa consommation d'eau potable, de mettre en place des économiseurs, de récupérer l'eau de pluie pour l'arrosage de son jardin, le lavage de sa voiture voire le nettoyage des toilettes.

Le prix de l'eau

Le prix moyen du mettre cube d'eau est de 2,62 €/m^3, beaucoup plus dans le sud de la France où il peut monter jusqu'à 3,39 €/m^3. Le prix de l'eau hors taxe passera de 0,93 € à 0,97 € en 2005 soit une augmentation de + 4,3 %.

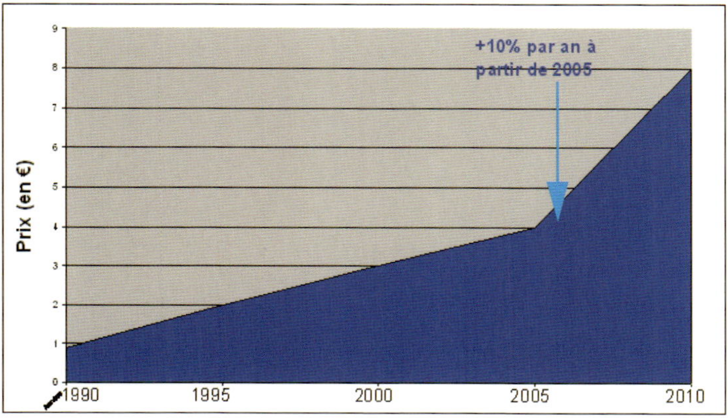

Fig. 2.1 – Évolution du prix de l'eau

L'augmentation annoncée du prix de l'eau est de 10 % par an au minimum sur 10 ans, celle-ci a été de + 52,32 % de 1992 à 2003.

L'eau ainsi récupérée servira à l'arrosage du jardin, au nettoyage des voitures ou des salons de jardin et éventuellement si vous décidez de pousser cette récupération à son maximum, vous pourrez l'utiliser pour le lave-linge, le nettoyage des toilettes et des sols.

Ces utilisations devraient vous permettre de réduire considérablement les factures d'eau potable de l'ordre de 30 % dans un premier temps.

De plus, la récupération des eaux de pluie permet de limiter la pollution des nappes phréatiques et des cours d'eau et limite les rejets des eaux de ruissellement de la parcelle dans le réseau urbain. Cette opération permet de limiter les risques d'inondation en cas de fortes précipitations.

Économiser l'eau permet donc de ménager les nappes phréatiques qui alimentent nos réseaux, tout en réalisant des économies substantielles. À terme, cela limite les volumes d'eau « sale » à traiter donc les volumes de déchets de stations d'épuration (boues) dont l'élimination reste problématique.

Si les ressources en « or bleu » deviennent de plus en plus précieuses, c'est aussi parce que la pollution aquatique ne cesse de s'aggraver. Les industries comme l'agriculture ont fait des efforts considérables ces dernières années pour réduire les effluents déversés dans la nature, mais un grand chemin reste à parcourir.

Une question s'est rapidement posée : « Pourquoi gaspiller de l'eau potable qui coûte cher ? »

3

Comment économiser ?

Tout citoyen peut à son niveau économiser l'eau potable. Tout d'abord en fermant le robinet quand vous ne l'utilisez pas, en luttant efficacement contre les petites fuites telles qu'un robinet qui goutte : il suffit bien souvent de remplacer le joint ou le joint de clapet trop ancien. Mieux encore, installer des économiseurs d'eau (plus précisément des réducteurs de pression) est à la portée de tous : ce type d'objets s'adapte à tous les robinets de la maison y compris les pommeaux de douche ou de baignoire.

Mise en place d'économiseurs d'eau

La mise en place d'économiseurs d'eau est un geste extrêmement simple à réaliser que vous habitiez en appartement ou dans une maison particulière.

Économiseurs d'eau pour robinet

Les économiseurs sont de petits systèmes que vous pouvez adapter sur tous les robinets. La figure 3.1 vous en montre un système complet.

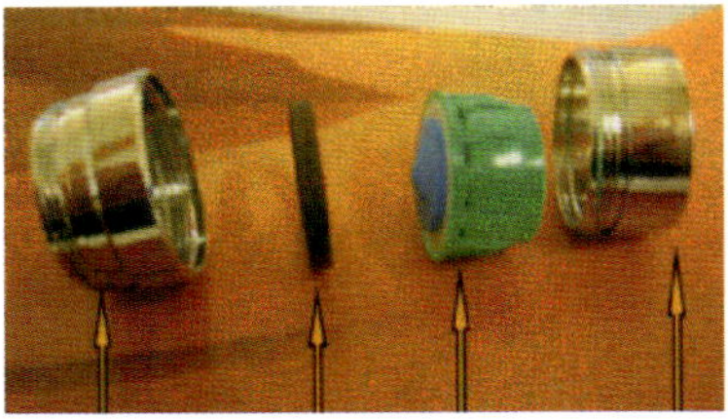

Fig. 3.1 – Économiseurs d'eau

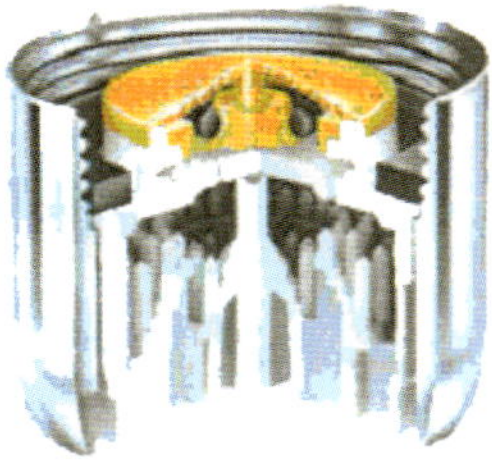

Fig. 3.2 – Coupe d'un économiseur d'eau (réducteur de pression)

Ce système est équipé d'un joint torique qui réduit le débit de votre robinet à 6 ou 8 l par minute au lieu de 12 l et ce, quelle que soit la pression de départ. Quand la pression décroît à votre robinet, le joint torique augmente le passage de l'eau, ce qui vous permet de conserver un débit constant. La régulation se fait ainsi dans les deux sens.

La structure des limitateurs est étudiée de manière à ce que le calcaire ne puisse pas s'incruster sur cette structure plastique. Cette quasi-absence de calcaire limite le développement des bactéries.

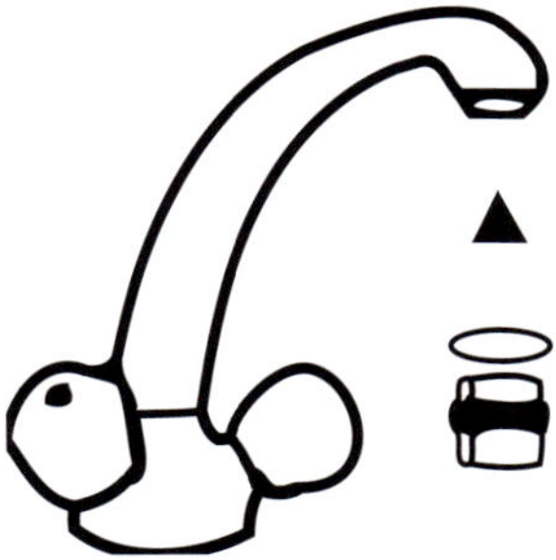

Fig. 3.3 – Les économiseurs d'eau se vissent directement sur votre robinet : le joint torique régulera alors la pression dans les deux sens

Installation

1. Dévissez la bague se situant au bout du robinet.

2. Nettoyez le pas de vis de votre robinet pour éliminer tous les dépôts, en particulier le tartre.

3. Placez le limitateur dans l'embout et vissez sur le robinet. Terminez à la clé sans forcer.

Consommer moitié moins...

Un robinet de lavabo coule en moyenne 10 minutes par jour avec un débit de 12 l/mn, soit 120 l par jour. Sans économiseur, vous utilisez, par an, 120 l x 365 j = 43 800 l d'eau.

Avec économiseur, votre utilisation est baissée à 6 à 8 l par minute, soit 60 à 80 l par jour. Votre consommation sera donc de 60 l x 364 j = 21 900 l d'eau par an.

Vous pouvez réduire votre consommation de moitié. En économisant 21 900 l d'eau par an et sachant que le prix moyen du mètre cube est de 2,62 €, vous pouvez effectuer une économie de : 21,9 x 2,62 = 57,38€/an.

Le prix d'un système complet d'économiseur d'eau pour un robinet est de 11 €. Vous amortirez donc très rapidement la mise en place de ce système.

Économiseurs d'eau pour douche

Fig. 3.4 – Économiseurs de douche

Une douche classique débite de l'ordre de 18 l d'eau par minute. L'économiseur de douche permet de diminuer le débit à 10 l/mn. La régulation se fait de la même manière que sur le robinet : par joint torique. Le système étoile répartit de façon égale l'eau en accroissant la sensation de confort au niveau du jet.

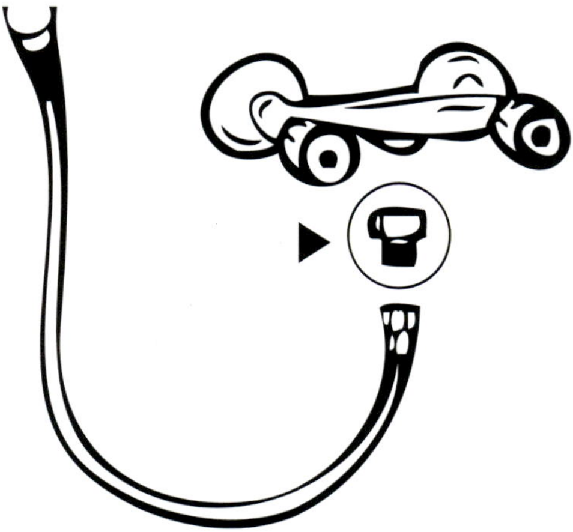

Fig. 3.5 – Économiseur d'eau pour douche : il s'installe sur la base, entre le mitigeur et le flexible

Installation

L'économiseur de douche s'installe entre le mitigeur et le flexible ou à la base de la douchette.

1. Dévissez la bague à la main ou à l'aide d'une clé, retirez l'ancien joint.
2. Nettoyez le pas de vis du robinet.
3. Vissez le régulateur de débit sans oublier le joint entre le robinet et le flexible de douche.

Une économie considérable

Nous partirons sur la base d'une douche de 10 minutes par jour, soit 180 l d'eau chaude et froide par douche.

Sans économiseur, votre consommation annuelle sera de 180 l x 365 j = 65 700 l.

Avec économiseur, vous ne consommerez que 100 l x 365 j = 36 500 l d'eau/an.

Si nous nous basons, à titre d'exemple, sur une douche de 10 minutes par jour, vous pouvez économiser 29 200 l d'eau par an et par personne. Le prix moyen d'un mètre cube d'eau étant de 2,62 €/m^3, vous pouvez donc économiser 76,50 € par an et par personne.

Le prix d'un système complet d'économiseur d'eau pour une douche est de 11 €. Donc l'amortissement de ce système est très rapide.

Partie 2

Récupérer l'eau de pluie

Pour les personnes propriétaires ou locataires de maison et possédant un jardin, il vous est possible de récupérer l'eau de pluie via les descentes de chêneaux pour arroser vos fleurs, votre jardin, laver la terrasse ou la voiture, voire alimenter vos toilettes et/ou votre lave-linge. Différents systèmes s'offrent à vous tant en termes de prix que de capacité. Aussi, vous trouverez dans les pages suivantes les connaissances nécessaires à la bonne évaluation de vos besoins et au choix de votre cuve.

Nous allons vous détailler dans cette partie le fonctionnement des systèmes de récupération d'eau pluviale existants, du plus simple au plus performant, en essayant de vous préciser le prix ainsi que les conditions d'installation et les économies potentielles générées.

4

Évaluer vos besoins

Il est important d'évaluer vos besoins en matière de récupération d'eau de pluie mais aussi et surtout de savoir ce que vous voulez faire avec cette eau.

En effet, votre installation ne sera pas la même si vous destinez l'eau de pluie à l'arrosage de quelques plantes, de votre jardin et/ou, au lavage de votre voiture, à l'alimentation de vos toilettes ou encore à l'alimentation de votre lave-linge.

Usage

L'investissement que vous souhaiterez faire, dépendra de l'usage que vous ferez de l'eau recueillie. Si vous possédez un petit jardin avec quelques fleurs, voire quelques légumes, et que vous destinez votre eau de pluie à ces plantations, il est évident que vous ne choisirez pas une installation de type kit jardin ou habitat mais un système bien plus simple à mettre en œuvre : le système de récupération d'eau de pluie extérieur (collecteur et cuve).

Des conditions climatiques et matérielles

Quelles que soient la saison et la région, vous pouvez récupérer entre 30 et 85 l/m^2 de toiture et par mois. On estime que l'on peut récupérer 600 l/m^2/an où que vous soyez en France, y compris le sud puisqu'un orage suffit à remplir votre cuve. Cependant, ces conditions climatiques vont influer sur le choix de votre matériel.

En effet, la taille de votre cuve ne sera pas la même au sud d'une parallèle passant par Lyon, où il pleut moins souvent mais où la pluie est plus abondante, qu'au nord de cette même parallèle où les pluies sont plus fréquentes mais moins abondantes. On privilégiera de plus grosses cuves au sud qu'au nord.

Quelques bons tuyaux

Lors de votre dimensionnement, vous devez tenir compte des conditions climatiques, de la surface de collecte (toit) et de l'utilisation que vous allez faire de cette eau. Sachez que vous pouvez récupérer jusqu'à 80 à 90 % de l'eau de pluie qui tombe sur votre toit. Dans le doute, vous pouvez faire appel à un professionnel (voir la liste des adresses utiles en fin d'ouvrage).

Les résultats sont meilleurs lorsque votre toit est en tuiles, en béton, en ardoises ou en verre.

Ordre d'idées des besoins annuels

Consommateur	Besoin annuel
Chasse d'eau de 11 litres	Environ 8000 l/personne
Lave-linge (120 litres)	Environ 3600 l/personne
Jardin (17 litres au m^2)	Environ 6000 l/m^2
Arrosage divers (pelouse)	60 l/m^2
Nettoyage et lavage (voiture, terrasse)	Environ 800 l/personne/an 190 l pour laver une voiture

Une consommation destinée au jardin

La solution la plus simple consiste à recueillir l'eau et à la filtrer : passant dans votre descente de chéneau, l'eau est recueillie dans une cuve dotée d'un robinet.

L'installation d'un tel système est idéal pour l'arrosage de votre jardin : en effet, si vous possédez un petit jardin d'ornement avec un peu de pelouse, quelques fleurs et un petit potager, je ne saurais trop vous conseiller un système de collecteur associé à une cuve.

Consommation annuelle

Consommateur	Besoin annuel
Jardin (17 litres au m^2)	Environ 6000 l/m^2
Arrosage divers (pelouse)	60 l/m^2

Choix des cuves

Type de cuve	Stockage possible (l)	Collecteur		Prix total (en €)
		Type	Prix	
Cuves à eau cylindrique avec support	205 à 500	Collecteur filtrant éco	15,50	50 à 83,5
Cuves à eau rectangulaire avec support	210 à 650	Collecteur filtrant éco de luxe	25	60 à 310
Colonnes romaines	330 à 1 000	Collecteur filtrant 3P	64,90	250 à 435
Réservoir cubique	750 à 1 000	Collecteur Regendieb	48	310 à 360
Réservoir Top Tank	1 300	Collecteur Regendieb de luxe	58	350

Vous pouvez constater avec le tableau précédent que le choix est varié. Pour davantage d'explication sur les capacités de ces cuves et afin de mieux vous guider, reportez-vous au chapitre suivant « Les systèmes de récupération d'eau de pluie extérieurs ».

Des installations pour aller plus loin...

Vous pouvez adjoindre au système de réservoir Top Tank un kit d'aspiration ainsi qu'une pompe ou avoir recours à un système enterré que vous pourrez installer vous-même avec les cuves Hercule.

Kit d'aspiration : la compatibilité des modèles et leurs tarifs

Type de cuve + collecteur	Kit d'aspiration (prix en €)		Pompe		Prix total (en €)
	4 m	7 m	Modèle	Prix	
Réservoir Top Tank + Collecteur Régendieb de luxe	30,80	39,60	Jet 700	154,35	535,15 à 543,95
Réservoir Hercule 1600 l à enterrer + filtre ouvert + système complet de raccordement	Ensemble 447		Pompe immergée	278,25	725,25

Vous pouvez adjoindre un certain nombre d'accessoires au système tel que le brio (115,5 €) qui vous assurera une gestion automatique de la pompe et assure la sécurité en cas de manque d'eau ou encore un regard de raccordement ou de liaison Perfecta pour brancher votre tuyau d'arrosage par exemple (46,75 €), et jumeler des cuves par la suite si vos besoins sont plus importants.

Systèmes à enterrer

Type de cuve	Utilisation	Volume en l	Pompe	Filtration	Prix (en €)
Cristall	Kit jardn	1 600 à 2 650	Jet 700	Panier interne	845 à 1 128
			Jet 1000		925 à 1 208
Colombus	Kit jardin	3 700 à 6 500	Jet 700	Panier interne	1 315 à 2 065
			Jet 1000		1 395 à 2 145
Colombus	Kit habitat	3 700 à 6 500	Station de pilotage guarantia	Pack filtre supra	2 820 à 3 665
Diamant	Kit jardin	2 200 à 9 200	Jet 700	Filtre universel3 interne	1 506 à 3 440
Diamant	Kit habitat	3 350 à 9 200	Coffret alimentation avec pompe superinox 15/4	Filtration optimax interne complet	3 110 à 4 780
Diamant plus (passage véhicule)	Kit jardin	2 200 à 6 500	Jet 700	Filtre externe universel3 ou optimax	2 045 à 3 245
Diamant plus	Kit habitat	3 350 à 6 500	Coffret alimentation avec pompe superinox 15/4	Filtration optimax interne complet	3 368 à 4192

Si l'installation de ces cuves vous semble trop ardue, compte tenu de l'encombrement en kit jardin ou habitat passage piétons, vous pouvez faire appel à un professionnel.

Il faut savoir qu'en cas de sécheresse prolongée, le système à enterrer présente l'avantage d'avoir un dispositif spécial qui alimentera automatiquement votre citerne en eau potable afin de ne pas endommager le mécanisme.

Vous pouvez évidemment changer un certain nombre d'éléments de ces kits pour avoir des éléments plus performants.

Comment calculer le volume de votre cuve ?

Il y a trois paramètres de calcul à prendre en compte.
- Précipitations locales en l/m²/an.
- Surface de récupération d'eau de pluie
- Consommation d'eau de pluie (estimation moyenne 75 l/personne/jour)

Potentiel annuel de récupération d'eau de pluie

Précipitations locales : Q

En l/m²/an avec $300 < Q < 1\,800$, cela dépend de votre région. Vous pouvez demander cette donnée à votre centre météo-France local.

Surface de toiture sur laquelle va s'effectuer la récupération d'eau de pluie en m² : S

Coefficient de perte : Cp
tuile : 0,9
toit ondulé : 0,8
toit plat : 0,6

Tous ces facteurs permettent de calculer avec une précision relativement importante le volume d'eau de pluie récupérable par an :

$$V = Q \times S \times Cp$$

Besoin annuel d'eau de pluie

WC	8 800 l/personne/an x nombre de personnes
Machine à laver	3 700 l/personne/an x nombre de personnes
Nettoyage/lavage	800 l/personne/an x nombre de personnes
Arrosage	60 l par m² x nombre de m²

Capacité de la cuve

La capacité de la cuve est fonction du volume d'eau de pluie récupérable par an, des besoins annuels en eau de pluie par an et du choix du nombre de jours de réserve (en général 3 semaines soit 21 jours).

Soit C la capacité de la cuve, V le volume d'eau récupérable, B le besoin en eau de pluie en l/an, 21 jours le choix du nombre de jours de réserve.

$$C = (V + B) / 2 \times (21 / 365)$$

Économies potentielles

Celles-ci sont fonction du besoin et du P prix de l'eau en €/m³

$$E = B \times P$$

5

Les systèmes de récupération d'eau de pluie extérieurs

Les systèmes de récupération d'eau de pluie extérieurs sont les systèmes les plus simples en termes d'installation et d'utilisation. Pour une faible consommation, ils se révèlent être la solution idéale pour une utilisation uniquement extérieure (arrosage jardin, nettoyage de la voiture...). Bien sûr, l'inconvénient majeur est leur encombrement dans le jardin et leur aspect esthétique, bien que les produits se développent et de nouvelles gammes offrent de nombreuses possibilités au consommateur.

Le but de ce chapitre est de vous expliquer comment monter ce système mais aussi de vous guider dans le choix de votre matériel.

Le montage

La méthodologie de montage ne diffère pas fondamentalement d'un kit à l'autre. Vous devez monter un collecteur sur votre gouttière qui sera relié à votre cuve. Il vous est donc nécessaire de connaître le diamètre de votre descente de gouttière pour savoir si vous devez placer un adaptateur de 80 mm de diamètre sur le collecteur.

Il vous faut dans un premier temps scier votre descente de gouttière PVC à l'aide d'une scie adaptée ou d'une scie électrique. Puis, vous devrez emmancher les parties de descente sur le collecteur en bas et en haut. Si votre cuve est percée, visser l'embout de raccordement à la cuve ou faites un trou avec une scie cloche du diamètre de votre embout.

Raccordez les deux embouts, celui du collecteur et celui de la cuve à l'aide du tuyau qui vous a été fourni. Placez le collecteur en position été, vérifiez que le robinet de tirage de votre cuve est fermé.

Votre système de récupération d'eau de pluie pour jardin est opérationnel.

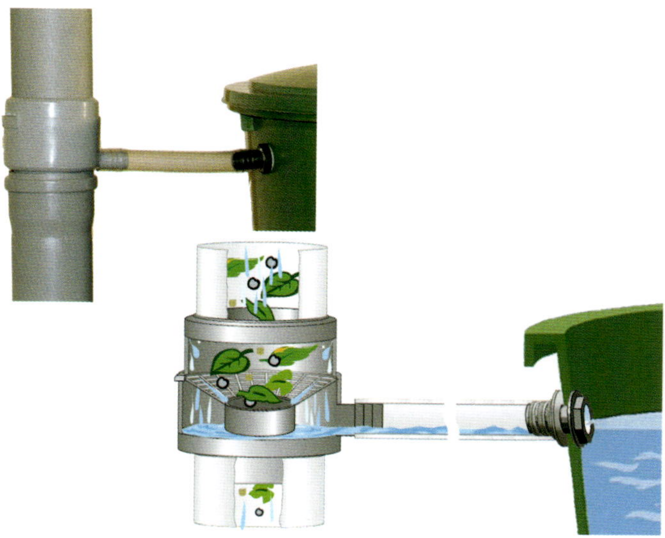

Fig. 5.1 – Fonctionnement du collecteur : les feuilles et autres déchets importants sont stockés dans le panier filtrant qu'il vous faudra nettoyer et vider de temps en temps. Ici, le collecteur est en position été puisque l'eau s'écoule vers la cuve.

Le choix du matériel

Les collecteurs filtrants

L'emploi d'un collecteur filtrant est essentiel pour tout système de récupération d'eau de pluie dans la mesure où il permet de :

- recueillir et filtrer l'eau de pluie à partir de gouttières de diamètre 80 ou 100 mm,
- protéger l'eau de pluie des souillures du toit telles que les feuilles, insectes, mousses, brindilles,
- empêcher la vase et l'altération de l'eau,
- prévenir tout débordement de la cuve grâce à sa fonction trop-plein automatique.

Il en existe plusieurs modèles.

Le collecteur filtrant éco

Fig. 5.2 – Collecteur filtrant

Ce collecteur s'adapte à deux diamètres de gouttière 80 et 100 mm et dispose d'une sortie latérale de 20 mm. Vous le disposerez en position été ou hiver. En position été, l'eau est dirigée vers votre cuve, en position hiver, elle s'écoule normalement vers les égouts. Ce type de collecteur est adapté à des cuves de capacités maximales de 500 l. Il vous est vendu avec le kit d'installation complet, c'est-à-dire l'embout de raccordement à la cuve et le tuyau.

L'ordre de prix de ce système est d'environ 16 €.

Le collecteur filtrant éco de luxe

Ce système est identique au précédent dans son mode de fonctionnement et d'utilisation. La sortie latérale est cette fois de 32 mm et il est adapté pour des cuves pouvant contenir jusqu'à 1 000 l.

Son prix moyen est de 25 €.

Le collecteur filtrant Regendieb

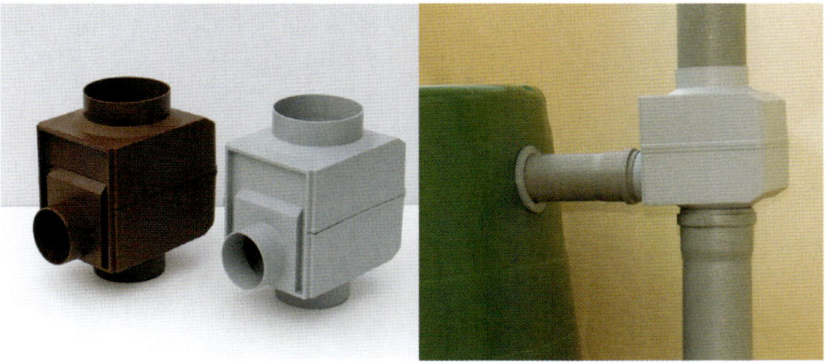

Fig. 5.3 – Collecteur filtrant Regendieb

Ce système est doté d'un grand pouvoir de récupération d'eau : environ 90 %. Il s'adapte à des descentes de gouttière de 80 comme de 100 mm. La surface de filtration est plus importante, la grille est en acier à petites mailles ce qui évite la vase et l'altération de l'eau. Le passage de la position été à la position hiver se fait par rotation à 180° de la partie centrale. Le collecteur peut être utilisé comme trop-plein automatique. Il dispose de 3 tailles de sortie latérale 32, 50 et 70 mm. Il est autonettoyant. Ce type de collecteur est adapté pour des cuves ayant une capacité de 500 à 2 000 l.

Le prix de ce collecteur est d'un peu moins de 50 €.

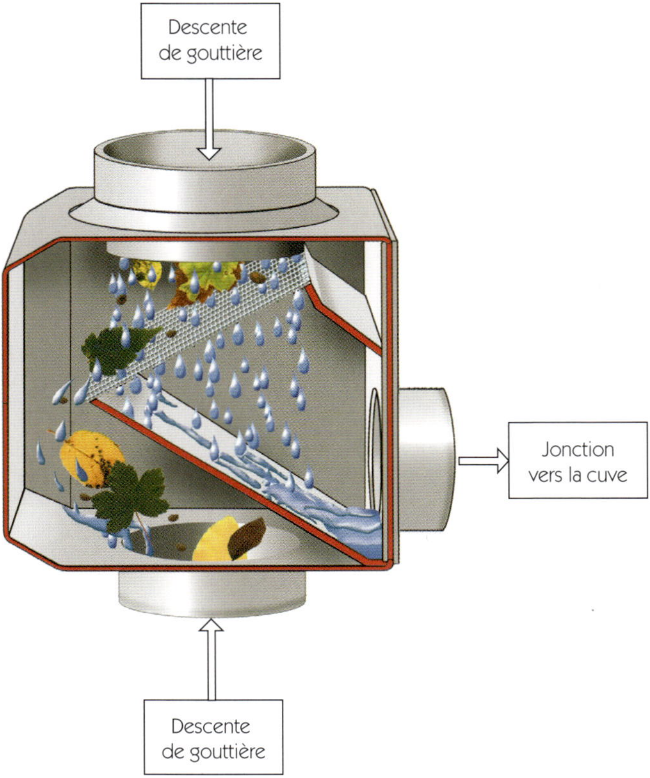

Fig. 5.4 – Schéma de fonctionnement du collecteur filtrant Regendieb

Le collecteur filtrant Regendieb de luxe

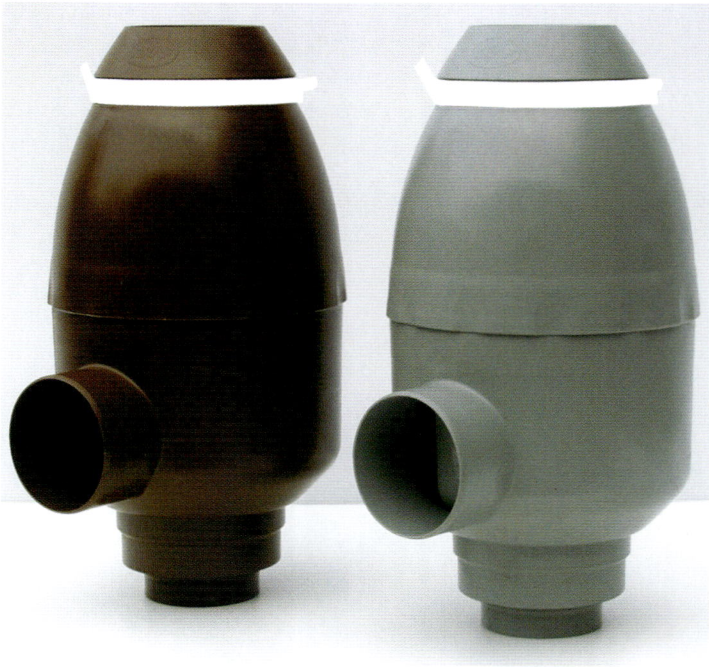

Fig. 5.5 – Collecteur filtrant Regendieb de luxe

Ce collecteur est autonettoyant et sans entretien. Le passage de la position hiver à la position été se fait par simple rotation. La grille de filtration est en acier à maille très fine. Ce système permet le passage en trop-plein automatique. Il s'adapte à des descentes de gouttières de 80 et 100 mm. Il dispose de 3 tailles de sortie latérale 32, 50 et 70 mm. Il est conçu pour des surfaces de toiture maximales de 100 m^2 donc pour des cuves de 500 l à plusieurs milliers de litres.

Son prix moyen est d'un peu moins de 60 €.

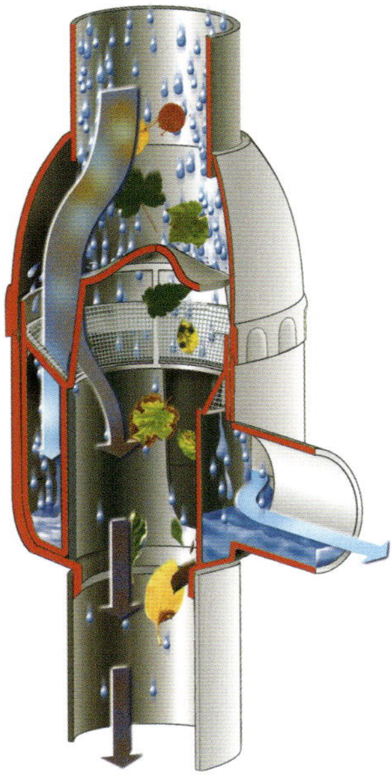

Fig. 5.6 – Schéma de fonctionnement du collecteur filtrant Regendieb de luxe

Le collecteur filtrant 3P

Ce collecteur est autonettoyant. Le passage de la position hiver à la position été se fait par simple rotation de la poignée verte. La grille de filtration cylindrique est en acier à maille très fine. Ce système permet le passage en trop-plein automatique. Il s'adapte à des descentes de gouttières de 80 et 100 mm. Il dispose de 3 tailles de sortie latérale 20, 32, et 50 mm.

Son prix est d'un peu moins de 60 €.

Fig. 5.7 – Collecteur filtrant 3P

Les cuves à eau et réservoir aérien pour l'extérieur

Tous ces collecteurs doivent être reliés à une cuve de récupération des eaux pluviales. Elles sont toujours livrées avec un robinet pour prélever l'eau ainsi qu'un couvercle. Ces cuves doivent toujours être posées sur un sol plan. Elles doivent être vidées en hiver car la formation de glace pourrait endommager votre cuve.

Il existe de nombreux modèles que nous allons vous détailler.

La cuve à eau cylindrique en polyéthylène (PE)

Il existe deux modèles de cuve.

Le modèle prédécoupé – le couvercle et la sortie de cuve sont prédécoupés pour ouverture si besoin. Cette cuve est traitée anti-UV et livrée avec couvercle et robinet. La capacité varie de 205 à 500 l et le prix de 17 € à 40 €.

Le modèle équipé est conçu d'origine avec une sortie filetée en partie basse, de plus, il est renforcé et traité anti-UV. Ces modèles sont livrés avec couvercle et robinet sauf pour le 800 l. La capacité varie de 150 à 300 l et le prix de 20 à 42 €.

Fig. 5.8 – Cuve à eau cylindrique en polyéthylène

La cuve à eau rectangulaire en polyéthylène (PE)

La cuve à eau rectangulaire est un modèle renforcé reposant sur des socles et possédant en série une sortie $^3/_4$ de pouce permettant la pose du robinet. Elle est vendue avec couvercle et robinet.

La capacité de ces cuves varie de 203 à 300 l et le prix de 17 à 27 €.

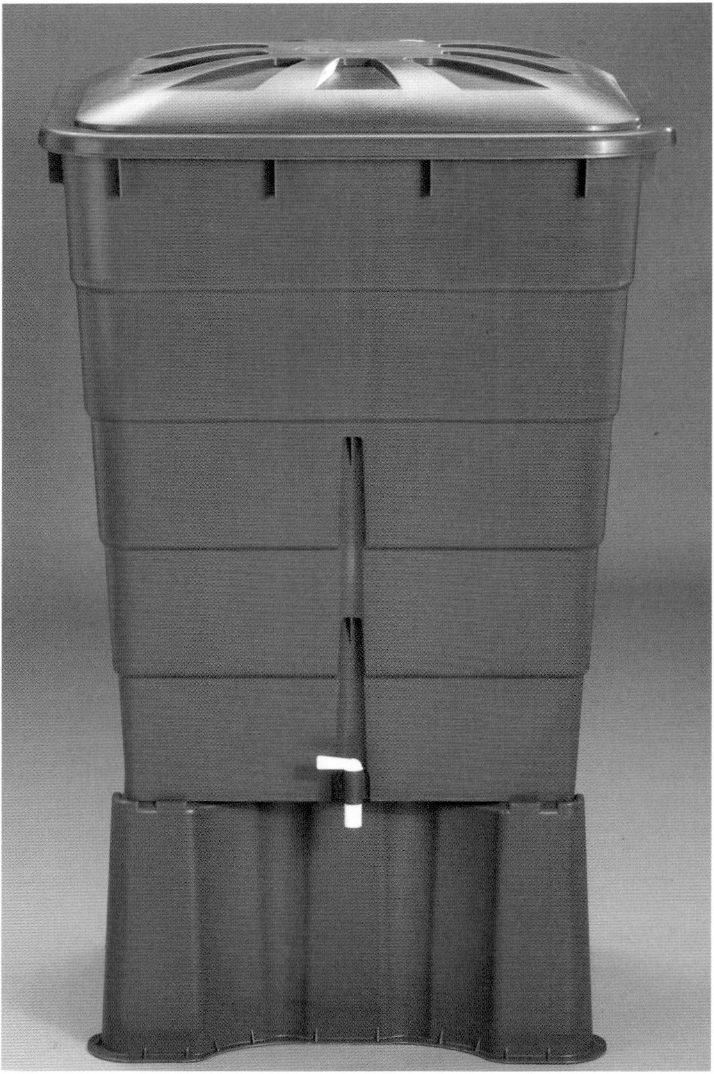

Fig. 5.9 – Cuve à eau rectangulaire en PE

Les réservoirs cubiques de jardin

Ce réservoir est d'un encombrement au sol relativement faible. Vous pourrez le placer dans votre jardin, votre cave ou votre garage. Ils passent par toutes les portes de 80 cm. On peut le jumeler pour augmenter la capacité totale de stockage. Il est livré avec un tuyau jauge. Le couvercle est de diamètre important (400 mm) pour faciliter le nettoyage. La capacité varie de 750 à 1 000 l et le prix de 260 à 310 €.

Fig. 5.10 – Réservoir cubique de jardin

Les colonnes romaines cylindriques et murales

Fig. 5.11 – Colonnes romaines

La colonne romaine cylindrique est en polyéthylène renforcé de manière à résister aux chocs. Elle est traitée anti-UV. Elle est plus esthétique dans un jardin et très stable. Deux filetages de robinet sont moulés sur la colonne pour éviter tout perçage de celle-ci et permettre une vidange totale de la colonne en hiver. La capacité varie de 330 à 1 000 l et le prix de 150 à 340 €.

La colonne murale est identique à la précédente mais elle est de forme demi-lune pour une pose murale. Le gain de place est important puisqu'elle ne fait plus que 515 mm de profondeur. La capacité est de 500 l et le prix de 240 €.

Le réservoir Top Tank

Fig. 5.12 – Réservoir Top Tank

Ce réservoir est en polyéthylène injecté d'un poids de 30 kg. Il est composé de deux coques d'un joint d'étanchéité et d'un système de fermeture par clips. L'étanchéité est parfaite et durable dans le temps grâce à un joint à lèvres certifié. Montage et démontage faciles et rapides. Il résiste aux UV. Sa capacité est de 1 300 l, et il existe des possibilités de jumelage.

Le réservoir doit être vidé en hiver. Ces deux coques lui permettent ensuite d'être entreposé au garage ou dans une cave avec un faible encombrement. Son prix est de 190 €.

Vous pouvez utiliser ce réservoir tout en lui adjoignant une pompe munie d'un kit système d'arrosage automatique.

Fig. 5.13 – Mise en place du système Top Tank jumelé avec arrosage automatique

Il faudra donc ajouter au prix du collecteur et du réservoir, un kit aspiration dont le prix varie entre 28 et 36 € suivant la longueur de tuyau que vous souhaitez ainsi qu'une pompe jet 700 d'un montant de 147 €.

6

Les systèmes à enterrer

Quel que soit le kit que vous avez choisi, il est impératif de choisir le collecteur et la cuve les mieux adaptés au volume d'eau dont vous vous voulez disposer. Vous pouvez vous référer à la fin du chapitre 4 « Comment calculer le volume de votre cuve », page 32.

Le choix des cuves

Différentes possibilités s'offrent à vous en matière de système de récupération d'eau de pluie pour jardin à enterrer.

Nous allons les détailler ci-dessous en essayant d'être le plus précis possible pour vous aider à faire le choix le mieux adapté à votre souhait.

Il existe en fait trois sortes de cuves à enterrer pour la récupération d'eau de pluie :

- les cuves en polyéthylène,
- les cuves en béton,
- les cuves en acier.

Le choix que vous effectuerez dépend de nombreux paramètres tels que l'usage que vous ferez de cette eau de pluie, le type de canalisations utilisées dans la maison, les possibilités d'accès aux engins de terrassement, les caractéristiques du sol, voire la présence d'une nappe phréatique et le budget que vous allouez à votre système. Il est aussi important de connaître les qualités physico-chimiques de l'eau que vous allez stocker.

Les cuves en polyéthylène (PE)

Ce sont sans doute les plus utilisées par les particuliers du fait de leur facilité en matière de transport (qui peut se faire dans une remorque ou un petit camion) et en termes de mise en place et d'entretien. Leur principal avantage demeure le relatif faible poids qui vous permettra de mettre en place votre cuve à l'aide de sangles pour les plus petites capacités ou avec le tracto-pelle qui vous aura servi à creuser la fosse. Il vous suffira de deux ou trois personnes pour la placer dans la fosse et procéder à son calage et à sa mise à niveau.

Les cuves en polyéthylène (PE) sont aujourd'hui conçues pour résister à la poussée latérale du sol. Leur structure leur permet une stabilité accrue ainsi qu'une grande solidité.

Inconvénient majeur, leur volume de stockage est limité puisqu'il ne peut excéder 10 m^3 mais il est possible de les monter en série si l'on veut accroître davantage la capacité. L'eau sera cependant légèrement acide, cela dépend de l'environnement dans lequel vous vous trouvez, et non minéralisée. Si votre eau est calcaire, ce qui est souvent le cas, le problème de corrosion de vos canalisations sera inexistant puisque la légère acidité de l'eau dissoudra le calcaire déposé sur les parois de vos tuyaux. Dans tous les cas, cette dissolution est très lente et il faudra plus d'un demi-siècle pour que l'eau soit en contact direct avec le métal. Cette corrosion se fait dans tous les cas de figure sur des durées de temps extrêmement longues. L'eau de pluie ne transpercera en aucun cas vos canalisations, son pH étant d'environ 6.

Les cuves en béton

Le béton possède entre autres avantages de reminéraliser et de neutraliser l'acidité naturelle de l'eau de pluie, mais elle doit séjourner au moins trois semaines dans la cuve. La corrosivité relative de l'eau de pluie dépend bien entendu de son pH. Il est certain que si vous habitez dans une ville très industrielle, il est important de connaître le pH de l'eau de pluie, car si le pH est en dessous de quatre, il est indispensable d'utiliser des cuves en béton pour une utilisation en habitat.

L'inconvénient majeur de ce type de cuve est le poids (plusieurs tonnes). Leur déchargement ainsi que leur mise en place nécessite un engin de levage qui peut induire un surcoût important. Faites en sorte que le creusement de la fosse et la pose de la cuve se fassent le même jour. D'autre part, après la pose de la cuve, il est important de savoir que vous ne pourrez pas faire passer dessus des charges trop importantes.

Les cuves en acier

Ce type de cuve est plutôt adapté à des utilisations professionnelles compte tenu de sa capacité. Le volume de ces cuves varie de 13 m^3 à 100 m^3. Il est impératif de filtrer l'eau avant son arrivée. L'intérieur est souvent recouvert d'un revêtement plastique. Il y a possibilité de circuler sur les cuves enterrées, cela dépend en fait de la nature du sol. La durée de vie de ces cuves est importante et la mise en place de celles-ci nécessite moins de travaux que pour une cuve en béton.

L'énergie dépensée pour la fabrication d'une cuve PE ou béton est à peu près équivalente. Il est à noter que si vous utilisez l'eau de pluie en kit habitat avec alimentation de votre lave-linge, celui-ci n'aura pas de soucis de calcaire, inexistant dans l'eau de pluie, donc les résistances auront une durée de vie supérieure et vous économiserez de l'énergie.

L'usage d'une cuve PE ou d'une cuve béton dépend donc du choix que vous effectuerez ainsi que de l'environnement dans lequel vous vous trouvez. Si vous faites le choix de récupérer l'eau de pluie uniquement pour l'arrosage de votre jardin et le nettoyage de votre voiture ou de vos sols, la cuve PE est moins coûteuse. Si vous privilégiez un usage habitat et que votre eau est acide, prenez une cuve béton.

Bon à savoir

Vous pouvez aussi choisir une cuve PE et disposer deux ou trois blocs de parpaing en fond de cuve pour neutraliser l'acidité de l'eau.

Les kits jardins

Différentes possibilités s'offrent à vous en matière de système de récupération d'eau de pluie pour jardin à enterrer.

Nous allons les détailler ci-dessous en essayant d'être le plus précis possible pour vous aider à faire le choix le mieux adapté à votre souhait.

Le système à enterrer avec réservoir Hercule

Le réservoir Hercule est un réservoir qui peut se placer en intérieur, extérieur ou encore être enterré. Ce réservoir est d'une capacité de 1600 l mais vous pouvez le jumeler si vous désirez augmenter vos capacités de stockage. Il est en polypropylène, d'un poids de 60 kg et se compose de deux coques. La coque peut être adaptée à différentes tailles de manchon 70, 100 et 200 mm. L'étanchéité est assurée par un joint à lèvres spécial et certifié.

Le montage de la cuve se fait en quelques minutes grâce aux 24 clips de serrage. Le réservoir doit être vidé en hiver s'il n'est pas enterré. Le prix du réservoir seul est de 290 €.

Celui-ci se présente comme illustré à la figure 6.1 et peut être enterré comme le montre le schéma de la figure 6.2.

Fig. 6.1 – Réservoir Hercule

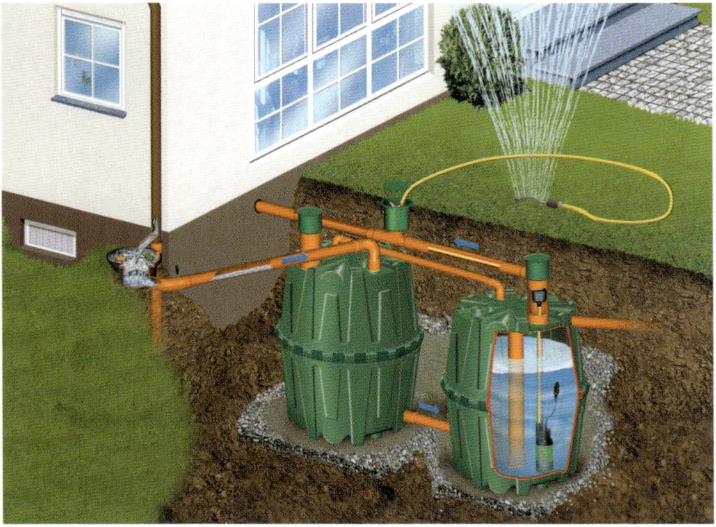

Fig. 6.2 – Exemple d'installation du réservoir Hercule

Vous creuserez une fosse suffisamment profonde pour disposer la ou les cuves. Elles seront posées sur un lit de sable, ce qui leur confère une certaine stabilité et limite les déformations. En effet, il est indispensable de placer dans la cuve un tuyau de maintien pour éviter qu'elle ne se déforme. Par ailleurs, veillez à ce que le sol soit le plus plat possible.

Recommandation

Il est conseillé de poser la cuve sur un lit de sable pour éviter les déformations de celle-ci.

Une fois les cuves en place, vous effectuerez les raccordements. Tout d'abord, vous placerez un filtre à enterrer à la sortie de votre gouttière comme indiqué sur le schéma 6.3.

Fig. 6.3 – Filtre à enterrer ouvert

Vous placerez sur votre cuve une cheminée d'évent dont le rôle est de permettre une circulation d'air dans la cuve et accessoirement d'y faire pénétrer une pompe immergée ainsi qu'un brio qui permet la gestion automatique de la pompe et assure la sécurité en cas de manque d'eau. Vous placerez dans votre cuve une pompe immergée dont le rôle est de puiser l'eau en profondeur. Elle est équipée d'un flotteur et de 15 m de câble. Enfin, vous placerez sur le tuyau de pression un regard de liaison ou de raccordement qui sera lui aussi enterré. Il vous est livré avec un couvercle et un embout de raccordement deux voies pour tuyau de tirage un pouce.

Fig. 6.4 – Pompe immergée

Fig. 6.5 – Regard de raccordement ou de liaison

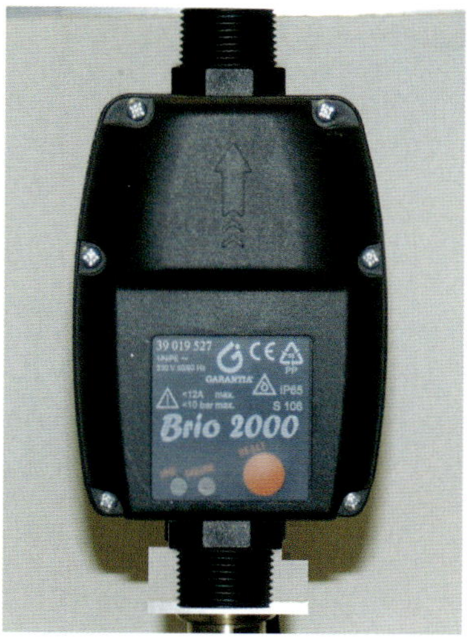

Fig. 6.6 – Brio

Le prix de ce type d'installation avec un réservoir et tous les accessoires décrits sur le schéma est d'environ 1 000 €.

Le système à enterrer avec cuves monobloc

Il existe de très nombreuses sortes de cuves, le prix dépendra de la cuve et de sa capacité mais aussi des accessoires que vous choisirez.

Nous ne parlerons que des cuves en polyéthylène, vous pouvez choisir des cuves métal ou encore ciment.

Ces cuves sont issues d'une technologie de pointe et élaborées par ordinateur. Elles ont été conçues comme leurs accessoires par CAO (conception assistée par ordinateur). Elles possèdent une durée de vie exceptionnelle (garantie constructeur de 15 ans). Enfin, elles peuvent être associées à près de 20 kits jardins.

Nous allons vous donner le maximum d'information afin que vous fassiez les choix les mieux adaptés à vos besoins.

Les cuves Colombus et Cristall disposent du même procédé de fabrication : il s'agit de polyéthylène soufflé dans des moules aciers. Ce sont des cuves monobloc sans soudure avec filtration intégrée possible. Le nom de chacune dépend de la capacité puisque les cuves Cristall ont une capacité de 1 600 ou 2 650 l alors que les cuves Colombus ont une capacité de 3 700, 4 500 ou 6 500 l. Ces modèles doivent être enterrés et vous devrez leur ajouter une rehausse télescopique pour ajuster au mieux la cuve à la surface du sol ainsi qu'un couvercle.

Les cuves sont équipées de joints à lèvres sur le dôme ou en partie haute permettant les montages nécessaires.

La mise en œuvre est relativement simple et rapide, leur poids est relativement peu élevé : de 65 à 260 kg. La fosse à creuser est en général peu profonde et la paroi intérieure est lisse pour faciliter le nettoyage.

Le prix de ces cuves varie en fonction du volume de 565 à 1 785 € avec rehausse piéton donc pour un passage sur la cuve inférieure à

2 tonnes. Si vous désirez faire passer des véhicules de poids supérieur à 2 tonnes mais inférieur à 8 tonnes, il est nécessaire de mettre une rehausse avec tampon en fonte, le prix variera de 939 à 2 142 €.

Fig. 6.7 – Cuve Colombus avec rehausse et couvercle

Fig. 6.8 – Cuve Cristall avec rehausse et couvercle

Les cuves Diamant et Diamant plus disposent d'un procédé de fabrication différents des deux modèles précédents. Elles sont fabriquées avec du polyéthylène par rotomoulage. Le polyéthylène est donc réparti sur un moule en aluminium donc meilleur conducteur et surtout permettant une uniformité de répartition sur l'ensemble du moule. La durée de fabrication d'une telle cuve est d'environ 70 minutes contre une dizaine pour une cuve Colombus ou Cristall.

Le procédé de fabrication est très différent puisque le moule est placé dans un four et le polyéthylène est réparti par rotation. Puis, il est refroidi dans de l'eau et enfin par air. La durée de vie de ces cuves est de 15 ans (garantie constructeur) et elles bénéficient du TÜV (label allemand) qui est l'équivalent de notre norme NF.

Ces cuves sont aussi monobloc et sans soudure dotées d'une grande stabilité, d'une épaisseur uniforme et assez importante. Leur mise en place est facile et ne nécessite pas de grue ; leur poids varie de 125 à 400 kg. Les parois intérieures sont lisses et permettent, de fait, un nettoyage plus facile. Elles sont simples à jumeler de par leurs nombreuses parties planes. Le dôme est de diamètre plus important que les précédentes : 600 mm. Elles sont garanties de qualité alimentaire.

Fig. 6.9 – Cuve Diamant avec rehausse et couvercle

Les nombreux packs à votre disposition vous permettent de les équiper suivant vos besoins. La mise en place de filtre intégré à monter soi-même ne nécessite pas d'outillage spécifique. Les cuves sont équipées d'origine de 4 joints à lèvres positionnés sur le dôme, pour le montage de l'arrivée d'eau, de la sortie de trop-plein, du filtre intégré et la mise en place d'une gaine pour le passage des différents câbles et tuyaux. Leur volume varie de 1 000 l à 9 200 l et le prix de 438,6 à 2 950 €. En ce qui concerne le passage piétons et le passage véhicule, la capacité varie de 3 350 l à 6 500 l et le prix de 1 407 à 2 316 €.

Maintenant que nous avons détaillé les cuves, nous allons vous présenter les différents kits jardins.

Les différents kits jardins

Fig. 6.10 – Exemple de kit jardin

Ce kit est équipé de toutes les composantes nécessaires à une utilisation de jardin, y compris d'une pompe électrique de surface pour une utilisation simple et immédiate. Le prix d'un tel kit est fonction de la capacité et des accessoires, ainsi que de la rehausse avec tampon fonte pour les voitures ou couvercle polyéthylène double épaisseur pour piéton. Il varie de 845 à 2 658 €.

Fig. 6.11 – Exemple de kit jardin (cuve Diamant)

Le système de kit jardin avec Diamant plus est identique au précédent. La cuve est posée sur un lit de sable pour éviter les déformations. Il s'agit cette fois-ci d'une cuve Diamant.

Le kit est équipé d'un tuyau anti-remous complet et d'un stop-rat. Le prix d'un tel kit est fonction de la capacité et des accessoires, ainsi que de la rehausse avec tampon fonte pour les voitures ou couvercle polyéthylène double épaisseur pour piéton, il varie de 1 506 à 3 244 €.

Les kits habitats

Les cuves préconisées pour cette utilisation sont identiques à celles du kit jardin à enterrer, ce sont les accessoires qui diffèrent.

Si vous choisissez une cuve Cristall ou Colombus disponible chez les distributeurs de bricolage, vous pourrez installer votre système vous-même ou faire appel à un spécialiste.

En ce qui concerne le choix de la capacité de la cuve, cela dépend de la région de France où vous habitez. Il faut savoir qu'au nord d'une parallèle passant par Lyon, il pleut moins mais plus souvent donc vous pouvez envisager pour une famille de 4 personnes une cuve de 4 500 l. Par contre, au sud de cette même parallèle, il pleut moins souvent ; les averses sont relativement de courte durée mais plus importantes en volume. Il faut donc prendre une cuve de volume plus important 6 500 l pour une famille de 4 personnes. (Ces informations sont données à titre indicatif.)

Comment fonctionne un kit habitat ?

L'eau de pluie tombe sur votre surface de collecte, le toit (en général), et s'écoule dans la ou les gouttières et sera collectée soit au pied de celle-ci soit dans un regard de collecte quand il rassemble plusieurs gouttières. L'eau passera via un filtre très fin qui retiendra la plupart des impuretés, puis via l'entrée anti-tourbillon de la citerne enterrée dans votre sol.

L'eau stagnera ensuite dans cette cuve, où la sédimentation des particules ultra-fines constituera une seconde étape de purification et toutes les particules flottantes seront évacuées par le trop-plein équipé d'un siphon anti-reflux.

Une pompe intégrée au régulateur d'alimentation répond à votre besoin via un réseau indépendant du réseau potable de distribution. La pompe est commandée et contrôlée par un système de régulation de pression automatique.

Ce type d'installation est piloté par un coffret d'alimentation permettant de pallier le manque d'eau de pluie en basculant grâce à une électrovanne sur l'alimentation en eau du réseau.

Cette électrovanne est équipée d'un clapet anti-retour et ne permet pas le contact entre l'eau du réseau et l'eau de pluie.

Ensuite, dès que le flotteur placé dans la cuve de récupération signale la présence d'eau de pluie dans le réservoir, l'alimentation de la pompe bascule automatiquement du réservoir tampon vers la cuve récupérant l'eau de pluie.

Lorsqu'un robinet est alimenté avec de l'eau de pluie, il est impératif de mettre un autocollant (eau non potable).

Quand votre cuve est pleine et ce, quelle que soit votre installation, vous devez prévoir un trop-plein. Celui-ci sera relié au réseau d'eau pluvial (regard). Certaines marques prévoient des manchons faisant office de trop-plein et parfois même ce type de système est présent sur les filtres.

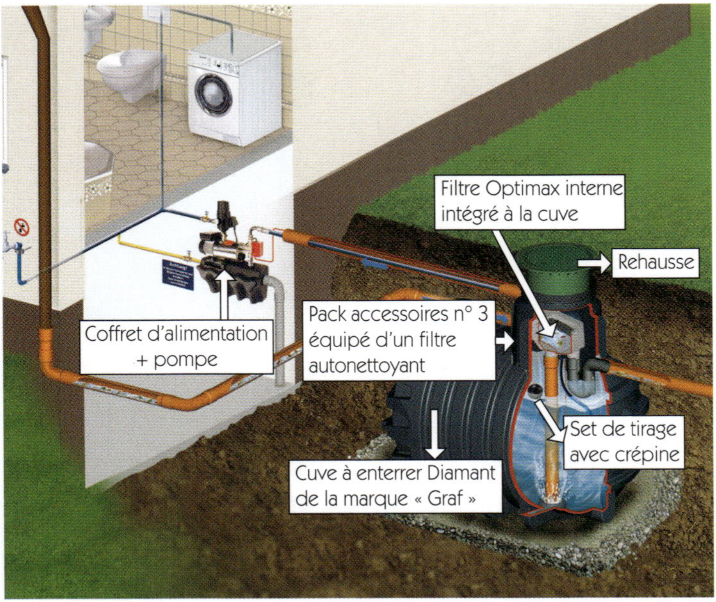

Fig. 6.12 – Schéma de fonctionnement du kit habitat

Calculer le volume de votre cuve

Si vous faites le choix d'opter pour un usage maximal de l'eau de pluie, reportez-vous à la fin du chapitre 4 « Évaluer vos besoins », l'encadré « Calculer le volume de votre cuve », p. 32.

Le choix des accessoires

Nous allons maintenant détailler davantage certains accessoires de manière à ce que vous puissiez faire le choix le mieux adapté à votre usage.

Les différents filtres

Les filtres internes

Fig. 6.13 – Filtre supra interne

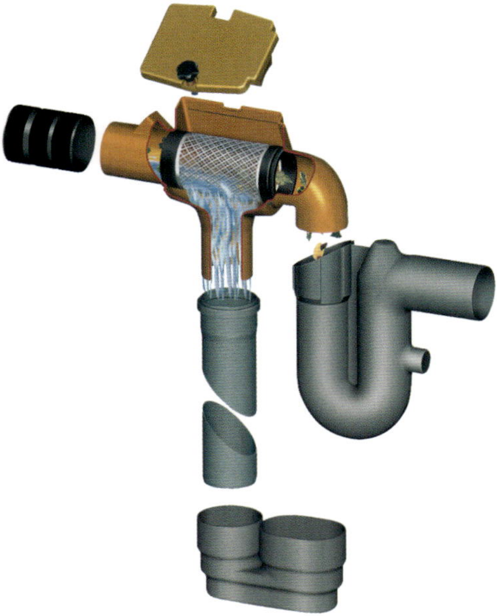

Fig. 6.14 – Pack filtre supra interne

Le filtre interne autonettoyant, adapté aux cuves Cristall et Colombus, permet la récupération de 95 % de l'eau provenant de la toiture. Il convient aux surfaces de toiture inférieures à 350 m². Il est doté d'une grille aluminium à mailles fines 0,35 mm. Il possède un entre-axe de 800 mm entre l'entrée et la sortie, un siphon de trop-plein, une manchette de fixation, une cuvette et un tuyau anti-remous.

Le prix du filtre seul est de 225 € et le pack complet de 329 €.

Le pendant pour les cuves Diamant est le filtre Optimax interne. Il est autonettoyant, intégré à la cuve. Il est particulièrement bien adapté si vous souhaitez une solution nécessitant très peu d'entretien et un grand pouvoir de récupération (95 %). Le trop-plein du filtre comme de la cuve sont reliés directement au réseau. Le prix de ce pack complet est de 360 €.

Fig. 6.15 – Panier filtre interne

Ce modèle de panier filtre interne existe pour tout type de cuve. Il nécessite d'être nettoyé souvent. Il permet de récupérer la totalité de l'eau. Il possède une maille fine de 0,35 mm. Son prix est de 66 € pour les cuves Cristall et Colombus et de 74 € pur les cuves Diamant.

Les filtres externes à enterrer

Les filtres à enterrer externes sont fonction des cuves que vous avez choisies. Pour les cuves Cristall ou Colombus, ils sont au nombre de deux.

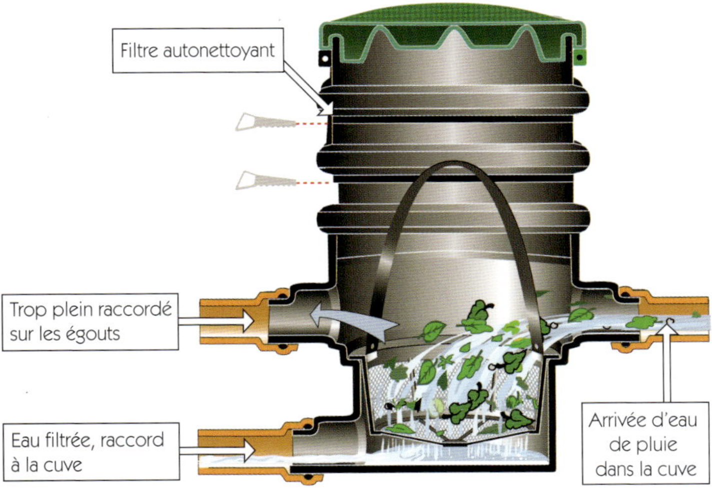

Fig. 6.16 – Schéma de fonctionnement du filtre externe à enterrer

Ce filtre est placé avant le réservoir et permet de nettoyer les eaux pluviales de l'essentiel des salissures provenant du toit. Il est livré avec un panier à mailles fines (0,35 mm), facile à enlever et nettoyer. Il est particulièrement bien adapté à des surfaces de toit inférieures à 300 m^2. Il récupère quasiment la totalité de l'eau. Son prix est de 255 €.

Filtre doté d'une grille à mailles fines (0,35 mm) en Inox. Il a l'avantage d'être autonettoyant. Il n'y a qu'un centimètre entre la sortie vers la

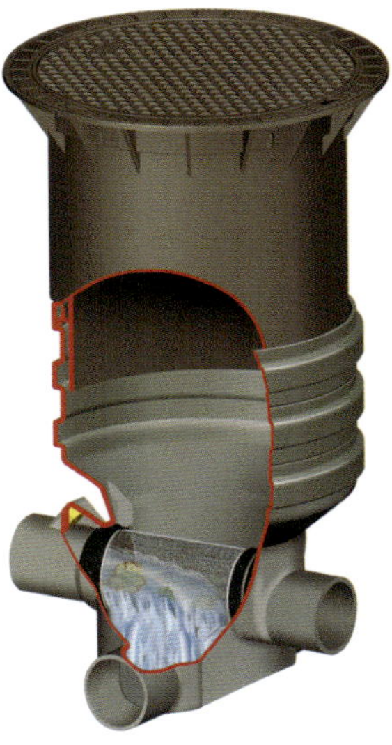

Fig. 6.17 – Filtre externe à mailles fines

cuve et le trop-plein. Il permet la récupération de 95 % de l'eau. Il faut l'enfouir de 57 à 105 cm avec la rehausse télescopique. Il est adapté à des surfaces de toiture inférieures à 350 m^2. Son prix est de 281 €.

En ce qui concerne les cuves Diamant, les filtres à enterrer sont différents. Ils sont aussi au nombre de deux : le filtre à enterrer universel et le filtre Optimax.

Fig. 6.18 – Filtre à enterrer universel

Le pouvoir de récupération du filtre universel (figure 6.18) est de 100 %. Il est particulièrement bien adapté aux toits de petite surface inférieure à 350 m^2. Il possède l'avantage d'être ajustable en hauteur grâce à sa rehausse télescopique de 570 à 1050 mm. Le couvercle est en PE pour les piétons et en fonte pour les véhicules dont le poids est inférieur à 2 tonnes. Il est étanche jusqu'à la surface du sol et possède une sécurité enfant.

Son prix est fonction des options piéton ou véhicule 300 à 345 €.

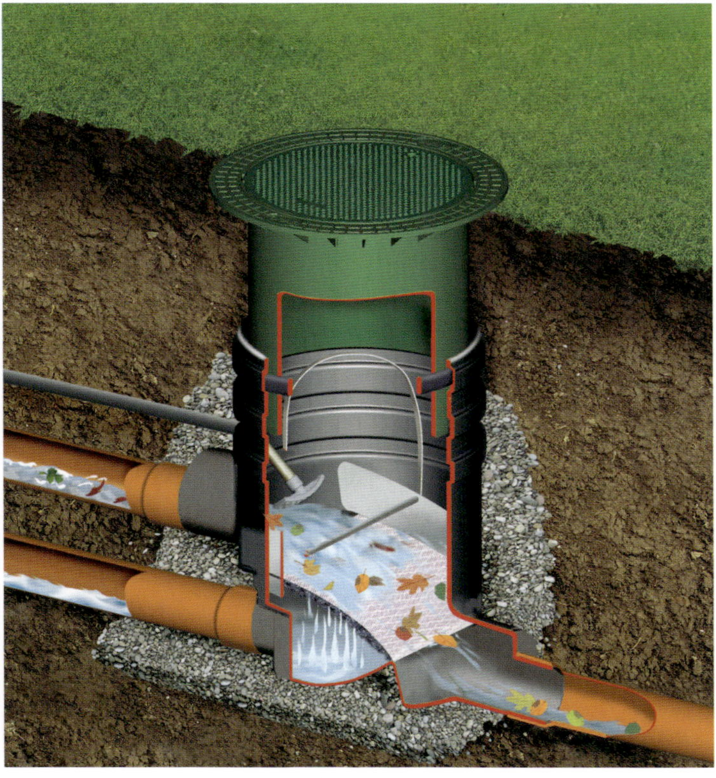

Fig. 6.19 – Filtre à enterre Optimax

Le pouvoir de récupération de l'eau pour le filtre Optimax (figure 6.19, page précédente) est de 95 %. Il est d'entretien facile car autonettoyant. Il possède une triple filtration et la surface supérieure de la grille est extrêmement lisse pour obtenir un autonettoyage performant, la maille de la grille supérieure est de 0,35 mm. Il est étanche jusqu'à la surface du sol et convient aux surfaces de toiture inférieures à 750 m^2 pour le diamètre 160 et 350 m^2 pour le diamètre 110. Le couvercle comporte une sécurité enfant et est soit en PE pour un passe piéton, soit en fonte pour un véhicule de poids inférieur à 2 tonnes.

Son prix est fonction des options piéton ou véhicule 340 à 372 €.

Les coffrets d'alimentation

Le coffret d'alimentation ou station de pilotage est indispensable en kit habitat pour cuves à enterrer, il est en quelque sorte le cerveau de votre installation. Ils sont tous prémontés et prééquipés, il suffit juste de les raccorder à la tuyauterie.

Fig. 6.20 – Coffret d'alimentation pour cuves Cristall et Colombus

Les stations de pilotage pour cuves Cristall et Colombus permettent l'automatisation de toute l'installation ; elles alimentent vos sorties d'eau en priorité avec l'eau de pluie et permettent le basculement automatique sur l'eau du réseau grâce à l'électrovanne si l'eau de pluie fait défaut. Dès que l'eau de pluie est à nouveau présente dans la cuve, elles basculent à nouveau pour être alimentées en eau de pluie. Leur prix est de 930 €.

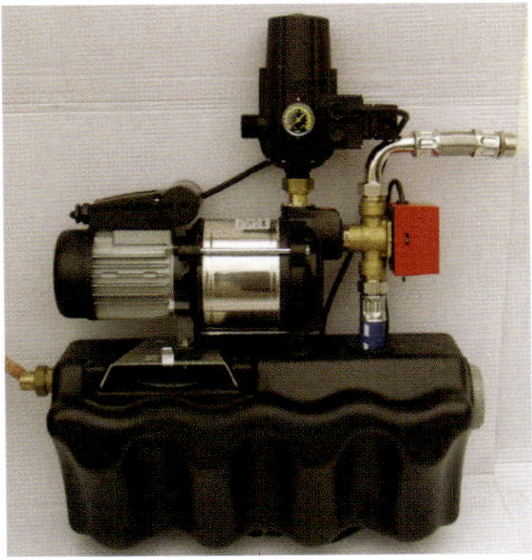

Fig. 6.21 – Coffret d'alimentation sur console pour cuve Diamant

Le coffret d'alimentation sur console complet pilote toute votre installation. Il permet de pallier le manque d'eau de pluie en basculant automatiquement grâce à une électrovanne 3 voies sur le réservoir alimenté en eau de ville. Dès que le flotteur placé dans la cuve détecte la présence d'eau de pluie, l'alimentation de la pompe bascule automatiquement de l'eau du réseau vers la cuve. Vous pouvez disposer d'une pompe Superinox de puissance 0,7 kW avec une pression de 4 bars et un débit de 5 000l/h ou d'une pompe Superinox de 0,8kW avec une pression de 4,7 bars et un débit de 5 000 l/h. La puissance de votre pompe est fonction de la hauteur maximale de refoulement : 40 pour la première et 47 m pour la seconde. Le prix de ce coffret est de 1 085 à 1 165 € en fonction de la puissance de la pompe.

Le coffret Aqua-center Silentio

L'Aqua-center est une station de pilotage et plus encore une centrale de gestion automatisée par micro-processeur. Elle est totalement gérée par électronique, avec alimentation en eau du réseau dès que l'eau de pluie vient à manquer, et elle bascule vers la cuve dès que l'eau de pluie est détectée.

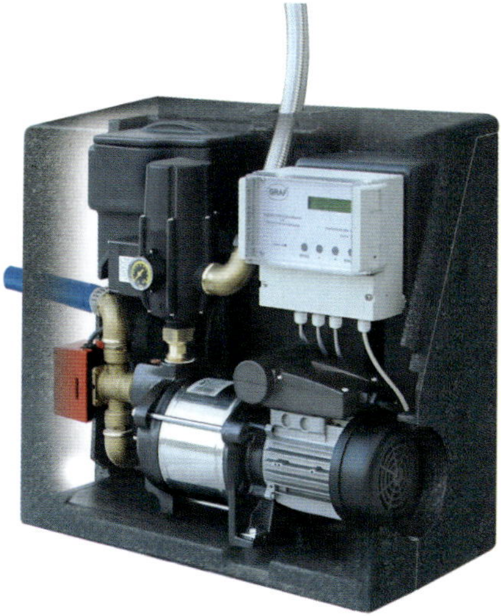

Fig. 6.22 – Coffret aqua-center Silentio

Il est nécessaire de rincer régulièrement le réservoir d'appoint en eau potable. La gestion automatisée peut être débrayée pour passer en mode manuel. Affichage permanent de la pression grâce au manomètre. L'électrovanne 3 voies, évite le risque de refoulement. Le tableau de jauge informe en permanence en pourcentage du volume d'eau de pluie encore disponible dans la cuve. La pompe KSB multicellulaire permet d'assurer une longue durée de vie de la station. La puissance de la pompe est soit de 0,66 kW pour une pression maximale de 3,5 bars et un débit de 3 600l/h et une hauteur maximale de refoulement de 35 m, soit de 0,80 kW pour une pression de 4,3 bars et un débit de 4 200 l/h pour une hauteur de refoulement de 43 m.

Ce coffret est à encapsuler pour obtenir une réduction maximale des bruits. Elle est certifiée DVGW (agrément allemand).

Le prix de cette station varie, en fonction de la puissance de la pompe, de 1792 à 1 965 €.

Ce filtrage permet d'éliminer les impuretés solides et de protéger l'eau de la lumière jusqu'à la cuve. Elle demeure ainsi claire, fraîche et sans odeurs. Ce filtrage ne rend pas pour autant l'eau potable, il est, de plus, interdit de connecter l'eau de pluie sur celui du réseau d'eau de ville.

Si vous faites le choix d'enterrer votre cuve, vérifiez toujours la nature de votre sol ainsi que la profondeur de la nappe phréatique. Vous pouvez obtenir ces renseignements auprès de la DDE (Direction départementale de l'équipement).

Lorsque vous effectuez votre choix, adressez-vous de préférence à des professionnels et optez pour du matériel possédant des labels de qualité français ou européen NF Afnor, TÜV allemand ou encore DVGW (agrément allemand), et des fabricants ayant une certaine expérience de ce type de matériel.

Quelle solution pour quel investissement ?

Le prix d'un système de récupération d'eau de pluie kit habitat comme celui présenté à la figure ci-dessous varie en fonction de la taille de la cuve. Pour une cuve de récupération de 3 000 l, l'investissement de départ comprenant le kit complet avec pompes et filtration est de 3 930 € TTC.

Fig. 6.23 – Exemple de système kit enterré

Pour une famille de 4 personnes, il est préférable de se tourner vers des cuves de volumes plus importants 4 500 à 6 000 l, le prix d'une telle installation variant de 4 400 à 4 900 € TTC.

Si vous ne souhaitez pas alimenter vos toilettes et/ou votre lave-linge avec l'eau de pluie, vous pouvez alors vous contenter d'un kit jardin. Cette installation est plus simple que celle du kit habitat, le volume de la cuve est de 2 000 l, le filtre est un filtre panier que vous devez nettoyer. Le coût de ce système est de 1 400 € TTC. Vous pouvez adjoindre à ce système, un système d'épandage des eaux pluviales.

Si vous ne souhaitez pas effectuer une installation complète de récupération d'eau de pluie, vous pouvez toujours installer ce genre de réservoir pour récupérer l'eau de pluie sur votre descente de chéneau et l'utiliser pour l'arrosage de votre jardin et/ou le lavage de votre véhicule et autres outils ou mobilier de jardin.

Siphon de trop-plein

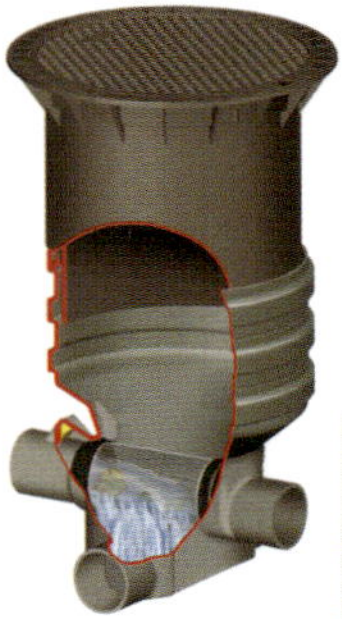

Filtre autonettoyant

Stop-rat

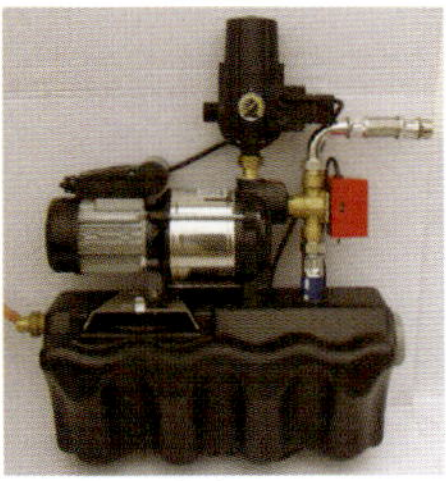

Coffret d'alimentation

Tuyau de pression

Passe-mur

Set de tirage avec crépine

Cuve de récupération avec couvercle et rehausse télescopique

Fig. 6.24 – Ensemble des accessoires nécessaires pour un système à enterrer

7

Projet de construction

Les solutions proposées précédemment concernent tous les publics. Ce chapitre s'adresse plus particulièrement aux personnes ayant un projet de construction. En effet, les communes commencent à évoluer en matière de gestion des eaux pluviales.

De plus, l'urbanisation croissante pose de plus en plus souvent un problème de gestion des eaux pluviales qui sont en fait les eaux de pluie collectées après ruissellement. La responsabilité de ces eaux incombe aux collectivités locales.

Un certain nombre de collectivités ont fait le choix d'intervenir le plus en amont possible en développant la limitation des rejets à la parcelle. Pour que cette mesure soit efficace, il est important qu'elle soit appliquée sur les réseaux départementaux et communaux, c'est la raison pour laquelle certains conseils généraux demandent aux communes d'appliquer la limitation de débit pour toute nouvelle demande de branchement sur leur réseau d'assainissement.

En clair, cela signifie que l'autorisation de construire est subordonnée à la mise en place d'une cuve de rétention pour chaque nouvelle construction. Cette cuve de rétention pourra jouer un double rôle, celui de cuve de rétention et en plus de réservoir d'eau de pluie pour d'autres utilisations, si vous le souhaitez, pour un coup relativement minime puisque les travaux de terrassement seront les mêmes, seule changera la capacité de la cuve, plus importante, et éventuellement les accessoires que vous souhaitez.

Le principe voulu par certaines collectivités territoriales consiste donc à la mise en place de techniques de rétention d'eau à la parcelle, dite encore technique alternative. Ces techniques permettent en effet de maîtriser les eaux pluviales au plus près de leur « source » et ce contrairement à ce qui se pratique aujourd'hui avec les bassins de rétention départementaux ou communaux ou encore les bassins d'orage, qui eux, récupèrent les eaux de ruissellement provenant de grandes étendues. Cette technique alternative est donc plus ciblée sur les « micro-stockages » au plus près de la collecte.

Cette technique permet donc la collecte des eaux pluviales et son passage direct dans la cuve de rétention pour un stockage temporaire de l'eau. Ensuite, cette eau sera évacuée progressivement et lentement par infiltration dans le sol avec un module d'épandage ou par restitution vers le réseau d'assainissement lorsqu'il sera moins surchargé.

Ce système présente de nombreux avantages tels qu'un coût moindre pour les collectivités mais aussi et surtout une protection supérieure contre les risques de déconcentration des flux, diminution des risques en aval en particulier au niveau des inondations ainsi qu'une utilisation de l'eau à l'échelle de la parcelle. L'eau peut de fait être utilisée pour des usages tels que l'arrosage de votre jardin, le nettoyage des terrasses, voitures et autre matériel de jardin ou éventuellement pour alimenter les toilettes ou encore votre lave-linge, au même titre que le kit jardin ou habitat présenté précédemment.

Votre système se présentera comme schématisé à la figure 7.1.

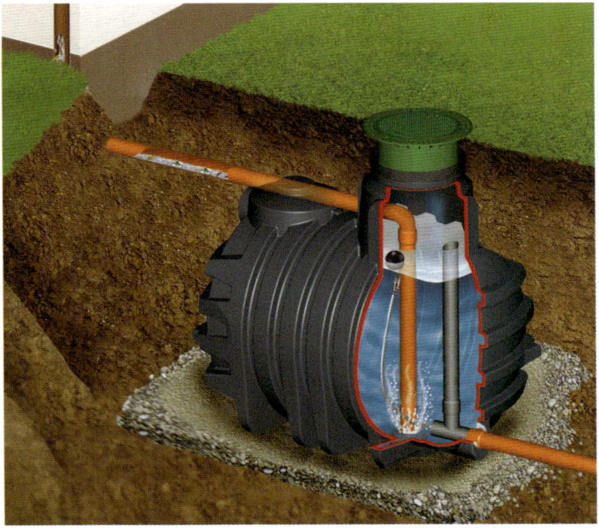

Fig. 7.1 – Utilisation d'une cuve de rétention avec régulateur de débit

Fig. 7.2 – Cuve de rétention avec régulateur de débit

Ces cuves ont une double mission :

- retenir les eaux pluviales dans la partie rétention et les évacuer selon un débit régulé vers le réseau ou la zone d'épandage,
- garder un volume d'eau pluviale à des fins personnelles telles que le jardin ou l'habitat.

Si le lotisseur vous impose une cuve de rétention, le volume nécessaire à la rétention ainsi que le débit régulé d'évacuation souhaité (de 0,05 à 2 l/s) sont mentionnés dans le cahier des charges du lotisseur au paragraphe assainissement. Libre à vous de prendre une plus grande cuve dont vous choisirez le volume en fonction de vos besoins.

Comme pour les kits proposés précédemment, l'eau de pluie doit être filtrée avant son entrée dans la cuve.

Vous pouvez aussi choisir d'installer de telles cuves parce que vous savez que les bassins d'orage risquent d'être saturés à court ou moyen terme, les réseaux sont surchargés, l'infiltration des sols est trop lente ou encore la nappe phréatique est peu profonde.

8

Le crédit d'impôt

Le manque d'eau chronique dans certaines régions de France comme le sud et l'ouest de notre pays a conduit les autorités de l'Etat a proposé un crédit d'impôt pour les particuliers choisissant de faire de la récupération d'eau de pluie à usage personnel.

Vous pouvez utiliser cette eau pour les toilettes, l'arrosage de votre jardin, le nettoyage de votre véhicule, de votre terrasse ou encore des outils de jardin.

Pour un usage humain tel que la douche, le bain ou alimentaire, il est préférable d'avoir recours à l'eau du réseau ou de faire installer des systèmes de traitement UV (ultra violet) pour éviter tout risque sanitaire.

Le crédit d'impôt en matière de récupération d'eau de pluie a été défini par le Code général des impôts.

CODE GÉNÉRAL DES IMPÔTS, CGI, Article 200 quater
(Loi n° 99-1172 du 30 décembre 1999 art. 5 VI 3 finances pour 2000 Journal Officiel du 31 décembre 1999)
(Loi n° 2000-1352 du 30 décembre 2000 art. 67 I finances pour 2001 Journal Officiel du 31 décembre 2000)
(Décret n° 2001-435 du 21 mai 2001 art. 1 Journal Officiel du 23 mai 2001)

.../...

…/…

(Ordonnance n° 2000-916 du 19 septembre 2000 art. 6, art. 7 Journal Officiel du 22 septembre 2000 en vigueur le 1er janvier 2002)
(Loi n° 2001-1275 du 28 décembre 2001 art. 14 I c finances pour 2002 Journal Officiel du 29 décembre 2001)
(Loi n° 2002-1575 du 30 décembre 2002 art. 78 finances pour 2003 Journal Officiel du 31 décembre 2002)
(Loi n° 2002-1576 du 30 décembre 2002 art. 30 IV e finances rectificative pour 2002 Journal Officiel du 31 décembre 2002)
(Loi n° 2003-699 du 30 juillet 2003 art. 34, art. 36 Journal Officiel du 31 juillet 2003)
(Loi n° 2003-1311 du 30 décembre 2003 art. 86 finances pour 2004 Journal Officiel du 31 décembre 2003)
(Loi n° 2004-1484 du 30 décembre 2004 art. 90 I finances pour 2005 Journal Officiel du 31 décembre 2004)
(Loi n° 2005-1719 du 30 décembre 2005 art. 83 I, II finances pour 2006 Journal Officiel du 31 décembre 2005)
(Loi n° 2006-1772 du 30 décembre 2006 art. 49 Journal Officiel du 31 décembre 2006)

Il est institué un crédit d'impôt sur le revenu au titre de l'habitation principale du contribuable située en France. Il s'applique :

e) Au coût des équipements de récupération et de traitement des eaux pluviales :

1° Payés entre le 1er janvier 2007 et le 31 décembre 2009 dans le cadre de travaux réalisés dans un logement achevé ;

2° Intégrés à un logement acquis neuf entre le 1er janvier 2007 et le 31 décembre 2009 ;

3° Intégrés à un logement acquis en l'état futur d'achèvement ou que le contribuable fait construire, achevé entre le 1er janvier 2007 et le 31 décembre 2009.

Un arrêté du ministre chargé du budget fixe la liste des équipements, matériaux et appareils qui ouvrent droit au crédit d'impôt. Il précise les caractéristiques techniques et les critères de performances minimales requis pour l'application du

…/…

…/…

crédit d'impôt. Pour les équipements mentionnés au e du 1, un arrêté des ministres chargés de l'environnement et du logement fixe la liste de ces derniers qui ouvrent droit au crédit d'impôt et précise les conditions d'usage de l'eau de pluie dans l'habitat et les conditions d'installation, d'entretien et de surveillance de ces équipements.

3. Le crédit d'impôt s'applique pour le calcul de l'impôt dû au titre de l'année du paiement de la dépense par le contribuable ou, dans les cas prévus aux 2° et 3° des c, d et e du 1, au titre de l'année d'achèvement du logement ou de son acquisition si elle est postérieure.

Pour une même résidence, le montant des dépenses ouvrant droit au crédit d'impôt ne peut excéder, pour la période du 1er janvier 2005 au 31 décembre 2009, la somme de 8 000 euros pour une personne célibataire, veuve ou divorcée et de 16 000 euros pour un couple marié soumis à imposition commune. Cette somme est majorée de 400 euros par personne à charge au sens des articles 196 à 196 B. La somme de 400 euros est divisée par deux lorsqu'il s'agit d'un enfant réputé à charge égale de l'un et l'autre de ses parents.

Le crédit d'impôt est égal à :

5.d. 25 % du montant des équipements mentionnés aux d et e du 1.

6. Les équipements, matériaux et appareils mentionnés au 1 s'entendent de ceux figurant sur la facture d'une entreprise ou, le cas échéant, dans les cas prévus aux 2° et 3° e du 1, des équipements figurant sur une attestation fournie par le vendeur ou le constructeur du logement.

Le crédit d'impôt est accordé sur présentation de l'attestation mentionnée à l'alinéa précédent ou des factures, autres que les factures d'acompte, des entreprises ayant réalisé les travaux et comportant, outre les mentions prévues à l'article 289, l'adresse de réalisation des travaux, leur nature ainsi que la désignation, le montant et, le cas échéant, les caractéristiques et les critères de performances mentionnés à la der-

…/…

.../...

nière phrase du 2, des équipements, matériaux et appareils. La majoration du taux mentionnée à la dernière phrase du b du 5 est subordonnée à la justification de la date d'acquisition et de l'ancienneté du logement. Lorsque le bénéficiaire du crédit d'impôt n'est pas en mesure de produire une facture ou une attestation mentionnant les caractéristiques et les critères de performances conformément à l'arrêté mentionné au 2, ou de justifier, selon le cas, de l'ancienneté du logement et de sa date d'acquisition il fait l'objet, au titre de l'année d'imputation et dans la limite du crédit d'impôt obtenu, d'une reprise égale 25 %, de la dépense non justifiée, selon le taux du crédit d'impôt qui s'est appliqué.

7. Le crédit d'impôt est imputé sur l'impôt sur le revenu après imputation des réductions d'impôt mentionnées aux articles 199 quater B à 200 bis, des crédits d'impôt et des prélèvements ou retenues non libératoires. S'il excède l'impôt dû, l'excédent est restitué.

Lorsque le bénéficiaire du crédit d'impôt est remboursé dans un délai de cinq ans de tout ou partie du montant des dépenses qui ont ouvert droit à cet avantage, il fait l'objet, au titre de l'année de remboursement et dans la limite du crédit d'impôt obtenu, d'une reprise égale à 25 % de la somme remboursée selon le taux du crédit d'impôt qui s'est appliqué. Toutefois, aucune reprise n'est pratiquée lorsque le remboursement fait suite à un sinistre survenu après que les dépenses ont été payées.

Vous pourrez avoir plus d'information sur la loi sur l'eau en vous rendant sur le site www.legifrance.gouv.fr. Loil n° 2006-1772 du 30 décembre 2006 sur l'eau et les milieux aquatiques.

Adresses utiles

Fabricants de cuves

Cuve en polyéthylène

APC-Process
http://www.apc-process.com/stockage.html

Sotralentz
http://www.sotralentz.com/fr/habitat/activite.php

Lanive
http://www.lanive.fr/eaux_pluviales.htm

Graf
http://www.graf.fr

Plasteau
http://www.plasteau.com/PL_EAU.html

Amos-Distribution
http://www.amos-distribution.com

Penet-Plastiques
http://www.penet-plastiques.fr/pluie.htm

Rotomad au Luxembourg

Cuve en béton

Bonnasabla
http://www.bonnasabla.com/

Lanive
http://www.lanive.fr/eaux_pluviales.htm

Fabricants de pompes

Grundfos
http://www.grundfos.fr

Gardena
http://www.gardena.com

Fabricant de système complet

Graf (www.graf.fr)

> **Bon à savoir...**
>
> **En achetant votre matériel chez le même fournisseur, vous êtes sûr de la compatibilité de tous les éléments.**

Les magasins de bricolage : Graf commercialise la marque Guarantia dans les magasins de bricolage tels que Leroy-Merlin, Bricorama, Castorama, Bricomarché, Bricoman.

2eaux.fr (http://www.2eaux.fr/index_01.php)

Aquabac (http://aquabac.com/recuperation_eau/installation.html)

Aquavalor (http://www.aquavalor.fr/)

Soloris (http://www.soloris.com/prixeaudepluie.htm)

Installateur de matériel

Aquavalor (http://www.aquavalor.fr/)

Eau Forte (http://www.eau-forte.com/recuperation-eau-de-pluie/Nos+prestations/18.html)

4D, Didier Ducamp Développement durable (http://www.4d-envt.com/htm/Prod08.htm)

Éc'au système (http://www.eceausysteme.com/)

Ecol'eau (Daniel Fritz), 8 rue Verdure-ZI, 67640 Fegersheim.
Tél. : 03 88 68 19 43 – Fax : 03 88 64 94 81
Portable : 06 89 31 45 14
ecoleau-alsace@wanadoo.fr (http://www.ecoleau-france.com/)

Forum de discussion et d'information

http://www.eau-de-pluie.com/

http://www.terrevivante.org/pdf/FR%20recuperation%20eau%20pluie.pdf#search='recuperation%20eau%20de%20pluie'

http://www.notre-planete.info/forums/read.php?12,12675,13028

http://www.universimmo.com/forum/topic.asp?TOPIC_ID=26587

Cette liste n'est bien sûr pas exhaustive.

Index